海國生還集（校注本）

〔明〕蔡景榕——著，劉洋——校注

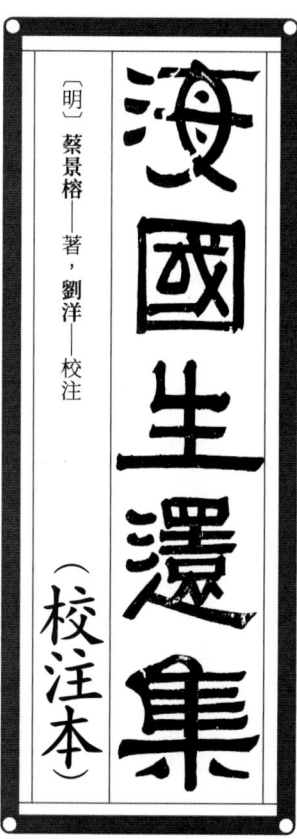

目次

解題

東亞海域的「被擄人」多指在明嘉靖大倭寇時期，以及豐臣秀吉侵略朝鮮的壬辰戰爭（朝鮮方面稱「壬辰倭亂」，日本方面稱「文祿慶長之役」）期間被抓到日本的中國和朝鮮民眾。他們不僅親自見證當時國際秩序的變局，也是文化傳遞與重塑過程中，不容忽視的關鍵角色。相較於壬辰戰爭中被擄朝鮮文人所留下來的豐富記錄，為倭寇所擄的被擄人群體，除了在官方記錄中留下片段記錄外，筆者管見所及，幾乎沒有留下專門的記錄。當然，這可能與倭寇時期被擄人大都為底層民眾有關。

本書點校整理的史料——《海國生還集》堪稱填補此一空白的珍稀文獻。作者蔡景榕於一五六二年遭遇不幸，被擄至日本，並在九州的薩摩州的南林寺生活了三年後，於一五六四年回到福建。他歷險歸國的事蹟，早在明代便已為人所知，如成書於萬曆四十八年（一六二〇），明代文人何喬遠的《閩書》曾記載：

蔡景榕字尚秀，幼聰穎不作俗態。嘉靖辛酉歲，被虜入日本者三年，禿頭跣足，吟詠自如。有番僧俊可憐其才，送商船以歸。萬曆間以貢授興化訓導，歷官香河、興國、隨州，率以正大表儀，多士林居詩酒自娛，趨迎不染所箸。有海國生還集行世。

其他文獻如《寧德縣志》、《福建通志》等地方志、謝肇淛的《長溪瑣語》，以及曾於道光二十九年（一八四九年）遷任臺灣府訓導的劉家謀所著《鶴場漫志》等著作，均記錄蔡景榕的被擄經歷。此外，玉置環齊在明治二十年（一八八七）出版的《明人藝林名譜》亦引述《全閩詩話》的記載，為第一位提及蔡景榕的日本人。[1]

一、蔡景榕之生平

據《蔡氏族譜》記載，蔡景榕，字尚秀，號同野[2]，為福建寧德縣人。其父蔡三溪在早年攜家遷徙至寧德城外居住經商，並曾被例授修職郎。[3]景榕自幼好讀詩歌，弱冠之時成為生員。根據筆者訪問的蔡氏後人所藏家譜以及地方誌中均未明記其出生年月。然而，從《海國生還集》的序文中，我們可以得知他在被擄時「年僅餘廿」。《乾隆寧德縣志》記載他「六十告歸，卒七十二」。加之蔡氏自序中提及的萬曆戊戌孟春（一五九八年一月）時間，該序寫於古隨學舍。根據《康熙・隨州志》記載，萬曆元年（一五七三）將原書院遷入城內，由此我們可以推斷此處的「古隨學舍」即為隨州的舊書院，此時蔡景榕應仍為隨州學正。[4]雖然地方誌中並未記載蔡景榕在隨州的具體任官時期，但考慮到一五六二年被擄時他已過二十歲這一事實，可推斷他最早於一五九八年、最遲於一六〇二年辭官回鄉。如此一來，綜合這些資料我們大致可以還原出其人生軌跡如下：他應生於嘉靖十七年（一五三八），於嘉靖三十六年（一五五七）前後通過童試成為生員，並在嘉靖四十一年五月（一五六二）被倭寇擄去日本薩摩鹿兒島郡（現日本鹿兒島縣鹿兒島市）。在倭寇家中歷經二月後，被賣於一位從肥前州來的商人，並在隔日八月初一日被這位商人帶往南林寺。他們二人得到了當時南林寺住持得翁俊可的接待。景榕由於不識日語，於是向得翁俊可討要紙筆後，寫下「大明秀才」四字並通過了得翁俊可以「芙蓉」為題作詩的考驗後，成功被其買下進入南林寺。景榕在該寺被委託抄寫古典書籍，並在該地生活了近三年後，終於打動得翁俊可，獲得了回國的許可。最終於嘉靖四十三年九月二十一日乘坐漳州張姓人士走私商船從鹿兒島離開日本，並於十月二十日到達月港。他在到達月港之後，將自己蒐集而來的倭寇情報上報給時任福建巡撫汪道昆（一五二五－一五九三）。[5]時任福建提督學政姜寶憐憫其經歷，於萬曆八年（一五八〇）准他充為歲貢。萬曆十年起景榕擔任興化府訓導一職。在萬曆十三年（一五八五），其父親蔡三溪去世後，調去順天府香河縣任訓導，爾後又升江西興國教諭、湖廣隨州學正。與萬曆二十五年（一五九七）辭官歸鄉，去世於萬曆三十七年（一六〇九）。

二、《海國生還集》的傳本

在此之前，不少前輩學者在描述倭寇掠奪事件時，曾經引用《福建通志》等地方志中對蔡景榕及其被擄經歷的記述。[6] 然而，較為可惜的是，雖然一些學者已經注意到這些文獻中提及蔡景榕，但並未深入探討其著作《海國生還集》。據筆者所知，只有中國大陸學者范中義參考過此書，並在其著作《戚繼光傳》中引用部分原文。[7] 然而，范中義在其著作中並未清楚說明該書

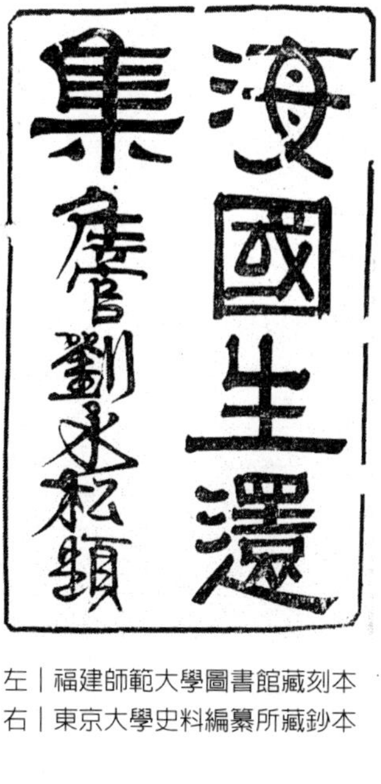

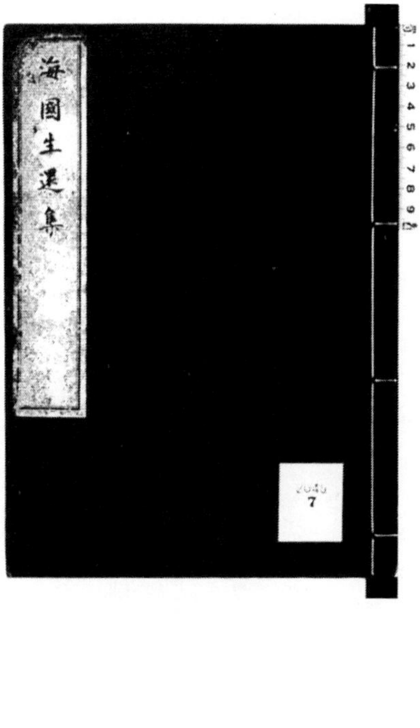

左｜福建師範大學圖書館藏刻本
右｜東京大學史料編纂所藏鈔本

的具體的收藏單位，導至後來學者均只能間接引用。[8]

現經筆者的調查，該書現存版本有二，分別收藏於中國福建師範大學圖書館藏（道光時期）刻本，以及日本東京大學史料編纂所書庫藏昭和三年鈔本兩冊存世。福建師範大學圖書館所藏刻本編號為477.6/Gs64，係道光二十八年重刊本。在該校圖書館古籍組於一九八五年十月出版的《福建地方文獻及閩人著述綜錄》曾收錄了該文獻的信息。[9]該書進入福建師範大學圖書館的緣故，上述資料中並未提及。該書題名為十九世紀清代福建侯官文人劉永松所題。在書正文第一頁的右下部有一銘為「擎宇」的藏書印。該印為前福建師範大學教授廖元善之印，擎宇為其號。根據陳旭東所撰「福建師大圖書館藏廖元善先生捐贈古籍書目」中也記載《海國生還集》一書。[10]由此可知該書原為廖元善之舊藏，後其捐獻給現福建師範大學圖書館。

東京大學史料編纂所書庫藏本為昭和三年鈔本，編號為2045-7，共有十九葉，只抄有該書部分內容。在其扉頁處寫著「明治卅三年九月　宗現原謄寫之」，末頁則是「右　海國生還集　大坂北區西寺町寒山寺細野南岳氏所藏　昭和三年八月寫了」。上述出現的人名「宗現」和「細野南岳」，經筆者查證前者全名為「河尻宗現」，後者「細野南岳」二人均為當時日本臨濟宗妙心寺派的僧人。他們二人曾在明治三十年（一八九七年）渡台傳教並試圖將臺灣作為向中國南部傳教的基地。[11]在明治三十二年（一八九九）二人前往福州嘗試傳教。該鈔本應為二人暫留福州之時所得見。「細野南岳」在隨後成為大阪寒山寺的住持，「宗現」所抄寫的抄本便應是由他帶來寒山寺。隨後在一九二八年由東大史料編纂所外出史料調查的研究人員再次抄錄並帶回東京。可惜的是，筆者在聯繫寒山寺現住持瀧瀨尚純詢問是否還藏有《海國生還集》時，得知因二次大戰時美軍轟炸緣故，寒山寺遭遇了一次大火，書庫也沒能倖免。如此，東大史料編纂所所藏的鈔本或許是目前日本唯一的版本。

對比福師範本和東大本，可以發現其行格都是一樣，每半葉均為九行二十一字。根據蔡氏族譜內〈祖遺書籍〉一文所述，《海國生還集》乃長房八世祖同野公所著，於道光己酉之秋再度刻印。基本可以確定該書僅有一個刻本，東大本所抄寫的原本應該和福師範所藏本為一個版本。另外，位於福建師範大學的刻本在每頁的右下角均詳細記錄了該頁所刻的字數。如下圖展示所示，第十四頁共計刻有三百二十七字。這一做法很可能是刻工有意為之，以便於日後根據工作量索取相應的報酬。

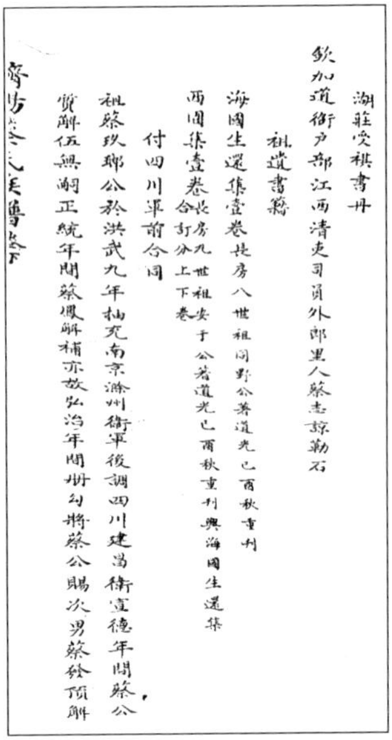
湖莊受祺書丹
欽加道銜戶部江西清吏司員外郎里人蔡志諒勒石
祖遺書籍
海國生還集壹卷長房八世祖同野公著道光己酉秋重刊
兩國集壹卷長房九世祖安于公著道光己酉秋重刊與海國生還集合訂分上下卷
付四川軍前合同
祖蔡玖卿公於洪武九年抽充南京滁州衛軍後調四川建昌衛宣德年間蔡公
貿解伍無嗣正統年間蔡儼解補亦故弘治年間册勾將蔡公賜次男蔡發頂解

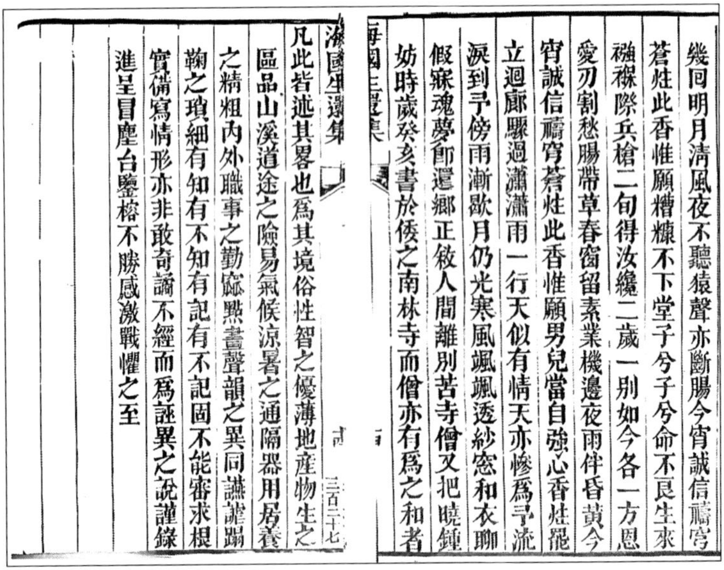
幾回明月清風夜不聽猿聲亦斷腸今宵誠信禱穹
蒼炷此香惟願糟糠不下堂子兮子兮命不艮生來
襁褓際兵槍二句得汝纔二歲一別如今各一方恩
愛刃割愁腸帶草春窗留素業機邊夜雨伴昏黃今
宵誠信禱穹蒼炷此香惟願男兒當自強心香炷罷
立迴廊驟過瀟瀟雨一行天似有情天亦慘爲予流
淚到予傍雨漸歇月仍光寒風颯颯透紗窗和衣聊
假寐魂夢郇還鄉正敘人間離別苦寺僧又把曉鐘
妨時歲癸亥書於倭之南林寺而僧亦有爲之和者
海國生還集
三百二十七
凡此皆述其畧也爲其境俗性智之優薄地產物生之
區品山溪道途之險易氣候涼暑之通隔器用居養
之精粗內外職事之勤惰點畫聲韻之異同譾謔跼
鞠之瑣細有知有不知有記有不記固不能審求根
實備寫情形亦非敢奇譎不經而爲誣異之說謹錄
進呈冒塵台鑒榕不勝感激戰懼之至

上｜《濟陽蔡氏族譜》〈祖遺書籍〉
下｜福建師範本第十四葉

《海國生還集》所收內容如下表：

內容	福師範本	東大本
重刻序	劉家謀作	無
原序	黃巍、陶宗器、袁時敕三人作	無
自序	寫於萬曆戊戌孟春之吉日	無
題辭	謝章鋌和劉家謀題詩、《閩書》、《邑志列傳》、《長溪瑣語》和《鶴場漫志》所收有關蔡景榕事蹟	《長溪瑣語》所收有關蔡景榕事蹟
上興化太尊錢春池狀	被擄至回國經歷	同上
計開	地理、身分禮法、男女、建築，服飾、飲食、地產，職業、佛教、節日，戲劇娛樂、書契音韻、徐福傳說與中國往來、在南林寺時所作詞一首	同上
附記日本夷語	日常生活用語143個	同上，但對其中一單詞的發音進行了修正
附刻舊作及贈詩	舊作80首 歷遊贈詩18首 諸生時贈詩12首 林下贈詩25首	僅〈南寺餞別〉一首

可以看出東大所藏鈔本除了正文的〈上興化太尊錢春池狀〉、〈計開〉、〈附記日本夷語〉外，由河尻宗現和細野南岳根據當時自身的興趣而進行了選擇性抄錄。《海國生還集》的確切成書年代，在當下的文獻及序文中尚無明確標註。但從散見的細節中，我們能夠探尋到部分線索。蔡景榕在其自序中曾提及始筆的契機：

> 歲壬午，拜官興化，恭逢太尊春池錢公，擅海內之名，馳域外之議。聞余從夷島還也，乃命纂進土風。余於久忘之，餘記存者什伯之一二。遂錄之進標，曰涉夷紀畧，示兒命書之。[12]

「太尊春池錢公」即為錢順德，生於嘉靖十四年（一五三五），沒於萬曆二十八年（一六〇〇），字道充，別號春池，南直隸常熟縣人，萬曆十二年（一五八四）九月任福建興化府知府，萬曆十五年（一五八七）離任。原序的作者之一的黃巍在序言中留下了「萬曆甲辰又九月穀旦」的日期，這對應到萬曆三十二年，即一六〇四年。更具決定性的證據，出自於蔡景榕之子蔡世寓的筆下。在書末附錄，他提及「刻成因彙家大人蠹稿數篇附卷」，並附上了「萬曆三十二年九月男世寓謹識」的日期。綜合以上資料，我們可以推測，《海國生還集》的成書緣起於萬曆十二年（一五八四）九月，當時新上任的興化知府錢順德，在聽聞蔡景榕的經歷之後命蔡景榕將其在日經歷書寫成文。蔡景榕最初以「涉夷紀畧」命名之。當蔡景榕在一五九七年花甲之年辭官歸鄉之後，他重新整理書稿，並於一五九八年撰寫了自序。最終，在萬曆三十二年九月，蔡世寓將其父舊作以及士林友人的贈詩整合，付梓成書。

三、《海國生還集》的史料價值

以往學界在討論被擄人自身所寫的著作之時，多局限於壬辰戰爭期間朝鮮文人所留下之文獻——如姜沆的《看羊錄》、魯認的《錦溪日記》、鄭希得的《月峰海上錄》和鄭慶得的《湖山公萬死錄》。然而，當涉及到中國被擄人，學者們不得不依賴於零星的第三方描述或官方文獻，譬如《朝鮮王朝實錄》，以及抗倭將領所遺留的文集或奏疏之中的記錄。在此背景下，蔡景榕的《海國生還集》為我們直接了解一位中國被擄人在日本的生活，提供了罕見的視角。此書不僅彌補了學界先前依賴於官方文獻或他者觀點的研究空白，亦從日常生活的維度，揭示了當時被擄人與日本社會間的互動的一例，這與過去學界所熟悉的明代關於日本研究的著作——如《日本考略》、《日本一鑑》及《籌海圖編》等從抗倭實用角度編纂的書籍——形成了鮮明對比。

蔡景榕對於薩摩州當地社會風俗的詳細記錄，涵蓋了節日習俗、所見書籍、飲食習慣以及當地語音，不僅為書籍史、日本民俗史以及日語語言發展的研究者提供了珍貴的參考資料，也展示了當時中國文人對日本社會的觀察與理解，從而使我們能夠更全面地認識十六世紀東亞社會的文化互動。此外，鑑於蔡景榕在南林寺的生活，他留下的關於佛教及僧侶的豐富記錄尤其珍貴。特別是對於時宗及六十六部巡禮的早期描述，這不僅為宗教史學的研究提供了不可多得的一手材料，同時也暗示了佛寺與被擄人間存在的潛在聯繫。蔡景榕在南林寺所從事的抄書等工作經驗，還凸顯了一個經常被忽視的事實：被擄者除了是戰爭與掠奪的受害者之外，亦是文化互動與交流的重要媒介之一。這一點提醒我們，在考量商人、僧侶等人物對東亞海域文化交流所作貢獻時，不應忽視那些如蔡景榕般被擄至日本的人們。儘管許多被擄者未能留下文字記錄，他們在異國尋求生存與身份認同的努力，同樣構成了當時東亞海域交流的基礎。

最後，本人對於此一珍貴的文獻材料的理解與掌握尚有諸多不足之處，然而，我堅信《海國生還集》將為致力於研究十六世紀東亞海域世界的學者們，提供極具價值的資料與深遠的啟示。

劉洋

二〇二三年十一月

1 玉置清之進（編），《明人藝林名譜》第六集上，（須原鉄二，一八八七年），二十葉表。

2 雖然縣志中記載字同野，但是根據蔡氏族譜記載，應是字尚秀，號同野。

3 《歷代紀》，寧德市姓氏源流研究會蔡氏委員會所藏，頁四；《寧德蔡氏福房支譜》，頁二十三。

4 何藩（纂）、劉霈（修），《康熙・隨州志》卷之二，七十一葉表。

5 戚祚國（纂），《戚少保年譜耆編》（清道光二十七年仙遊崇勳祠刻本），二十四葉表：「甯德生員蔡景榕自日本逃回，報稱各島今春入犯」。

6 比如陳懋恆《明代倭寇考畧》，（哈佛燕京學社，一九三四）；石原道博，《倭寇》，（吉川弘文館，一九六四）中也曾提及蔡景榕之事蹟。

7 范中義，《戚繼光傳》（中華書局，二〇〇三年），頁六十七至六十八。

8 如萬晴川在其論文〈明清「抗倭小説」形態的多様呈現及其小説史意義〉，載《文學評論》第六期，二〇一五年；其中轉引范中義的內容。而隨後臺灣學者曾世豪在其博士論文《明清小説倭患書寫之研究》（國立政治大學，二〇一八）又轉引了萬晴川論文中的有關蔡景榕的史料。

9 福建師範大學圖書館古籍組（編），《福建地方文獻及閩人著述綜錄》（福建師範大學圖書館古籍組，一九八六），頁六十七。

10 陳旭東，〈福建師大圖書館藏廖元善先生捐贈古籍書目〉，《文獻信息論壇》第七十八期（二〇〇六），頁六十二。

11 有關日本臨濟宗妙心寺派的臺灣布教可見，松金公正「日本統治期における妙心寺派台湾布教の変遷—臨済護国禅寺建立の占める位置—」，載《宇都宮大學國際學部研究論集》十二號，二〇〇一，頁一三七至一六二；林欐嫚，《臨濟宗妙心寺派在臺布教史（一八九五－一九四五）》（萬卷樓，二〇一九）。

12 蔡景榕，《海國生還集》，七葉。

凡例

一、以福建師範大學藏刻本為底本，參考東京大學史料編纂所藏鈔本。

二、原書中異體字、避諱之字一併改用現今通行漢字。

三、為方便閱讀，全文斷句，並加以通行標點符號。

四、僅限於對特定字詞、歷史名人、地名、古代制度風俗等進行註釋與解釋。此外，對於個別需要額外說明的詞彙也將提供相應的注解。

海國生還集

海國生還集

宗寶[1]
道光己酉[2]秋八世孫士元[3]九世孫宗偉[4]重刊
宗翼[5]

明紳[6] 昭祥[7]
八世姪孫明綱[8]九世姪孫步錂[9]仝校
明組[10] 步鑑[11]
志諒[12] 昭禋[13]

1 依據蔡氏族譜所載，宗寶乳名波，字曰玉瑞，號名鎮邨，曾為郡庠生。生於嘉慶癸酉年（一八一三）八月初二日亥時，卒於同治甲子年（一八六四）三月二十四日午時。

2 即西元一八四九年。

3 出生年月日不詳。據陳仕玲先生所珍藏之光緒二十九年（一九〇三）中舉人蔡祖熙的同年錄可知，蔡士元為附貢生，曾獲贈文林郎之銜。

4 依據蔡氏族譜所載，宗偉乳名麟，字人瑞，號俊巖。太學生。生於嘉慶壬申年（一八一二）十二月十四日酉時，卒於同治辛未年（一八七一）六月十六日丑時壽六十一。

5 依據蔡氏族譜所載，宗翼乳名鵬，字雲瑞，號心亭。太學生。生於道光丙戌年（一八二六）八月二十九日子時。

6 依據蔡氏族譜所載，明紳乳名謙，字肇縉，號笏山。歲貢生。咨部候選訓導。生於乾隆辛亥年（一七九一）三月十三日戌時，卒於同治庚午年（一八七〇）七月初四日子時。壽八十。

7 依據蔡氏族譜所載，昭祥乳名恕，字瑞協，號靄如。增廣生，加捐候補知府，誥授朝議大夫。生於嘉慶癸酉歲（一八一三）六月十九日未時，卒年未詳。

8 依據蔡氏族譜所載，明綱乳名阿田，字肇方，號紀章。例貢生。例授修仕郎。生於乾隆年間，卒於道光年間。

9 依據蔡氏族譜所載，步鋑乳名韶，字則金，號理清。由太學生加九品職銜。生於嘉慶己巳年（一八〇九）十月初一日辰時，卒於咸豐乙卯年（一八五五）正月初九日。時例授登仕郎。

10 依據蔡氏族譜所載，明組乳名阿國，字肇機，號綬堂。例貢生，例授修職郎。生於乾隆年間，卒於咸豐年間。

11 出生年月日不詳。

12 依據蔡氏族譜所載，志諒乳名亨，字肇弼，號直卿。生卒年不詳。道光年間加捐戶部江西司員外郎。

13 依據蔡氏族譜所載，昭禮乳名鈞，字瑞典，號六泉。郡廩生，加捐儒學訓導，銜例授修職郎。生於嘉慶二十年乙亥歲（一八一五）十二月二十五日戌時，卒於同治六年丁卯歲（一八六七）七月十三日辰時。

重刻蔡同野朝居二先生遺集序[1]

文章隨乎人之所造，莫不有其精神存焉。沒世後不欲其泯滅，視平生之田廬財產宜更甚。余來寧求其鄉之文獻，嘗有鶴場漫志[2]之輯，自有宋以來撰著不下數十家，今其存者無數家，豈精神之不能及遠耶？抑子孫之聽其泯滅，而不知愛惜之之過耶？明蔡同野先生海國生還集，與其子朝居先生西園集，乃至今竝存。其八世孫明經士元與族人謀重鋟之。余喜明經之有是舉也。使凡為子孫者，知祖父不欲泯滅其文章更甚於田廬財產，則其所以愛惜之者，必不僅區區田廬財產為也。明經可以風矣。故不辭而為之序。若夫兩先生之文論定久矣。余何言哉？

道光己酉立春後六日侯官劉家謀[3]譔

1 依寧德市姓氏源流學會蔡氏委員會珍藏之〈濟陽蔡氏族譜．下卷〉內〈祖遺書籍〉一文所述，《海國生還集》乃長房八世祖同野公所著，於道光己酉之秋再度刻印；同時《西園集》一卷由長房九世祖安于公所作，亦於道光己酉之秋與《海國生還集》合訂，分為上下兩卷。由此觀之，當時以蔡士元為首的蔡氏後裔，實將蔡景榕之《海國生還集》與其子蔡世寓之《西園集》同時付梓。然而遺憾的是，筆者尚未能覓得《西園集》之刊本。幸得寧德地方史學家陳仕玲先生之引介，得悉清代手抄本之《西園集》原為故陳玉海先生私藏。雖然全文未能曝光，陳先生仍慷慨地展示了部分《西園集》之細節。

2 《鶴場漫志》：劉家謀所作，該書為其於寧德訓導任內，匯集當地之史事與軼聞。謝章鋌於其著作《賭棋山莊詞話》之第五卷中亦有提及：「芑川（即劉家謀）居於寧德之地，撰寫《鶴場漫志》一書，廣采前賢遺著數十家之語，然而其中長短句之名，鮮有流傳。」

3 劉家謀（一八一四－一八五三），字仲為，一字芑川，福建侯官人。道光十二年中舉，道光二十六（一八四六）年蒞任福建寧德訓導，道光二十九年（一八四九年）遷任台灣府訓導。有《鶴場漫志》兩卷、《觀海集》四卷、《外丁卯橋居士初集》八卷等著作。

海國生還集原序

海國生還者誰？鶴邑同野蔡先生也，胡而海國，胡而生還海國，以辛酉被倭擄去，還以甲子，附通番船還也。生還還者誰？曰：日本國南林寺僧也，僧曰誰名，俊可也。俊可胡識蔡先生？先生文明柔順，工於詩而誠於德。俊可少知詩書，達道理，故能識先生也。黃生歎曰：「異哉，天乎？人乎？天人一乎？夫日本古稱倭奴國，其俗黔面文身，正朔、貢賦不通也。即先生被俘時，業蒙髡頭跛足，秕糠其食，有死之氣，無生之心，浸假不逢南林老比丘，幾不臘[1]矣。疇為為之？孰令還之？」故余歸之天。然聞倭蹂躪閩省時，黔刈我蒼赤，俘擄我人民不知幾千萬。計擄而獲還，萬中之一，既還非以金贖回，必其駔儈[2]捷足者也。擄俘而去，禮送而歸，億萬中之一。還而補餼於庠，賓興[3]於國，歷仕於莆，於燕，於興國、隨州，施教則士霑時雨，署邑則民蔭甘棠[4]。至今其門弟子員若給諫戴鎮菴，明府方東素等誦澤慕義無窮。若先生者，古今一人耳。非甚盛德，孰能臻此乎？故余歸之人。人非天不因，天非人不成。微先生之賢，胡能孚蠻貊而化梵僧？微梵僧之鑒，胡能識先生、贈還故里？天欲以夷狄堅先生之節，先生素夷狄而節益堅，天欲以宦遊顯先生之澤，先生歷宦遊而澤彌顯。若先生者，其天人一者也。或謂先生視蘇子卿[5]何如？黃生曰：「子卿漢天子使臣也。匈奴雖羈之，猶知漢使重。夫先生青青者衿耳。俘於夷，惡乎重哉？先生之重於夷，先生自足重也。生還歷諸宦，所至尸祝[6]重之，此先生之所為重也。」先生視子卿則難易分矣。不佞囊既贈先生以詩，茲復因其子蔡生朝居之請，序其大略如此云。

萬曆甲辰[7]又九月穀旦清源以恆甫黃巍[8]頓首書

儒者慷慨而談天下事，自謂吾誠遭時遘變，不難一險夷，齊得喪，視死如歸爾。迨稍見利害，輒變色奪志，其中往往靡然自失。即不然，自許不裂義命之防，驕語不屈，而齎志不毛，自經溝瀆者流[9]，又何益於天下事？蓋死一也，泰山鴻毛，惟所自處。此不佞於蔡先生生還一事，謂得聖賢可以無死之道也。先生自辛酉被擄，甲子生還，三載居夷，已脫九死而一生，轉腥羶而桑梓。有為先生解者，曰，忠信可行於是蠻貊也，番僧之不嗜殺也，邀天之幸也。而非也。男兒托生宇內[10]，得喪生死皆是幻境耳。要之，生欲無愧，死求有益，惟守貞履道者稱焉。道也者，可貴，可賤，可生，可死，而必不可易也者。子卿丁年奉使，在匈奴十有九年，歷威武，染腥穢，茹毛忍死，何愛一生？政以一死不足以明節，姑欲生還，得當以報漢天子，毋令天下後世以笑少卿者，笑我是或一道也，彼上林雁帛[11]，匈奴感節，非其質矣。先生懷瑜握瑾，弱冠飆凜於庠，翩翩然溫麻[12]佳士，被擄時年僅餘廿爾，身羈絕域，神馳故鄉。當是時，僧俊可亦有田之、妻之之許。獨念冠裳左衽，人類犬羊，道所不載。且也回首關河，城社邱墟，廬墓荊棘，父母無與養，子孫無可托。此時此念，計無復所之，舍生不足以成仁，先生蓋籌之熟矣。故其惓惓思歸，因詩見志者，有「萬里青霄終一去，野梟無計漫相留」之句，詞嚴意懇，足以破胡僧顧戀之私，始得飄然南還，復有父母骨肉之聚。藉令不然，曲從俊可之請，又不然而為溝瀆之經，非又一李少卿[13]即與草木同腐朽者爾，又何以有今日耶。故自先生生還以後，父母樂有其天年，骨肉不終於離散，且得賢子孫昌其後，而蔡氏宗廟，血食垂之千百祀無虞。即明經一薦，未足大展厥抱。然而秉鐸則遠近聲馳，攝符則士民銜德。方將大受[14]早而投閒，自歸田謝俗卻塵，日給斗酒與諸縉紳父老，林泉自娛，非賓筵不以接有司，且也頹然自逝，一切身世形骸盡為刊落，與魯生病忘[15]者無異。諸論先生者，不勝異意，不知先生不以生為生，以道為生；道在夷狄，則夷狄之道；在父母妻子，則父母妻子之道；在仕宦，則仕宦之道。忘物先生忘遇。惟是真心一點不可毀滅者，在得當以報親，與子卿之報漢天子者同。譬之負重任而行百里者，至是可以息肩，視身世形骸如脫敝蹝，尚何一物得介其胸中耶。曩在與國時，偶有采薪之憂。適厥郎自家山來省，先生喜動筆舌其詩曰：「假使瀲江堪死去，何如海國不生還」。夫以得意宦遊之日尚不忘桑梓之思，矧在天涯絕域哉？不為苟生，而亦不凝滯於生。若先生者，可謂與道為體者也。

建安紫芝山人重甫父。陶宗器[16]譔

不佞分教寧德，始詣學宮，邑士夫之辱臨者，首傳蔡同野君事。蔡君垂髫為諸生，被倭夷擄去，既而遇僧人俊可，接引之，因得旋梓里，復廩餼，以明經上春官，對大廷。始訓莆，再訓燕，又再訓隨，乞休而歸田，歸田而課子怡情。詩酒德度，溫雅喁喁。若無懷葛天之民[17]，不事家人生業，隔絕世務。予甚愕而異之。竊謂夫人生有所自出，有所為生生之常，不足異。寘之死地而復生，乃足異。蔡君沖齡偉抱，未冠，輒為名庠髦俊，豪邁等夷，萬夫莫敵。當其際，不為之挫抑困頓，何以化豪宕而醇和，抑虛憍而沖粹也。昔子房未從沛公之先，圯上老人命之納履，一一詘體，直許孺子可教。大都折其少年剛銳之氣，因其不能忍教之，以忍而卒成相漢之功，老人大有裨於良也。蔡君初以文學振藻都邑，視青紫拾芥，固將睥睨一世一旦。賊虜擄之海上，羈之禪寺，試之詩詞，為之指南。竟歸而庠，庠而官，樹標三黌序間，歷歷有聲。嗣是掛冠而返，徜徉於海島，寄跡於武夷、支提，諸山吟風弄月，翩翩同赤松子遊[18]也。至其瀟洒一室，酒一罇，棋一局，琴鶴隨座，梧柯怡顏，暇課若子，而令其式穀。似焉醇和冲粹，溢於記室，藹於門庭，盎於賓友，則彼倭虜偕俊可僧者，毋亦圯上老人之意乎？即事業未大其施，而幸有善繼述之子在焉。他日所就，當不在留侯下也已。

豫章匡甫父束時敕[19]譔

1 典出《左傳》：「虞不臘矣。」

2 駔儈：原指牲畜交易之人。後泛指市儈。

3 賓興：古時地方官設宴招待應舉之士。

4 甘棠：典出《詩經・召南・甘棠》。

5 子卿：蘇武，字子卿。天漢元年（西元前一百年）以中郎將之職務，由漢武帝派遣出使匈奴。後被拘留長達十九年之久。

6 尸祝：祭祀時主讀祭文之人。

7 即一六〇四年。原文寫為「萬厤」，因清代後為避乾隆皇帝「弘曆」之諱，多將「曆」字書寫為「厤」。

8 黃巍（生卒年不詳），字以恒，福建南安人。曾任寧德縣教諭。萬曆三十三年任保定府唐縣知縣。《乾隆泉州府志》卷之四十九有傳：「黃巍，字以恒，南安人。萬曆壬午舉人，初署寧德教諭。捐貲建文昌閣，月出私橐，為會以勸課諸士。蠲新進之贄，以惠貧者。秩滿，陞唐縣令。時礦使纆騷民，敝歲祲。巍躬循阡陌，濬水利，捕蝗虫，問病苦，革地稅數百金，復繕完雉堞，不費民一錢。一時名雋，皆其賞拔。積資五載，聲騰九剡，竟以清介齮齕于時，罷歸，啜粟飲水，蕭然自得。其祖居邑之廿三都，歲時謁祖，則與宗族鄉黨修孝友，明齒讓。一切外事不問。云，《南安志》。」

9 溝瀆：指自盡於溝壑之中。典出《論語・憲問》：「豈若匹夫匹婦之為諒也，自經於溝瀆。」

10 宇內：整個世界，即天下。《史記・秦始皇本紀》：「皇帝明德，經理宇內，視聽不怠。」

11 上林雁：指蘇武鴻雁傳書。《漢書・蘇武傳》：昭帝初年，「匈奴與漢和親，漢求武等，匈奴詭言武死。後漢復使至匈奴，常惠請其守者與俱，得夜見漢使，具自陳道。教使者謂單于，言天子射上林中，得雁，足有繫帛書，言武等在某澤中。使者大喜，如惠語以讓單于。單于視左右而驚，謝漢使曰：『武等實在。』」

12 溫麻：指晉太康三年（二八二年）在現寧德境內設立的溫麻縣。

13 李少卿：李陵，字少卿。西漢名將李廣之子。西元前九十九年，李陵率軍深入敵境，遭遇匈奴大軍圍困。李陵兵少糧盡，最終向匈奴投降。漢武帝聞此消息，對其族人進行迫害。李陵在匈奴二十餘年，最終死於西元前七十四年。

14 此處「大受」或為「大綬」之假借，明代文武官員在穿朝服、祭服時，在身後佩掛大綬。

15 語出：《列子・周穆王》宋陽里華子原先患有遺忘症，後來被魯國的一名儒生治癒。然而，病癒後的華子卻開始想念他以前那段健忘但無憂無慮的時光。這反映出人們有時候對於已經失去的事物會有一種特殊的情感和懷念。

16 陶宗器（生卒年不詳），建安人，萬曆二十五年任永春縣學教諭。萬曆二十九年至三十二年任寧德訓導。後任洛溶知縣。（乾隆）《福甯府志》卷之十七有傳：「陶宗器，建安人。由鄉貢，萬歷三十七年，訓理明學。粹蒙其教者，咸有所得。以秩滿，去官，士不忍捨。刻有《甯陽別集》行世。」

17 此處葛天指葛天氏，為傳說中遠古部落名。

18 「從赤松子遊。」典出《史記・留侯世家》，西漢名臣張良在輔助劉邦建立政權後，為保全自己，功成身退，對漢高祖說：「願棄人間事，欲從赤松子遊耳」。

19 衷時敕（生卒年不詳），南昌進賢人，貢生，萬曆三十二年至三十四年任寧德訓導，萬曆三十九年至四十年任武宣縣知縣。

海國生還集自序

余昔年經變，已分胥夷，不意大幸生還，將四十年於茲矣。撫今追昔，猶如痛定者，而思當痛之時，不知何能自處也。向惟諱窮，竟未捆摭，彼中時事，急鳴於人，亦以夷狄患難之言，徒瀆安常處順者之聽，非惟不信不恤，且將擲之曰：「安得有此不祥語。」故言未及之。余不敢言，或佯問而佯對之。即吾兒世寓，亦未嘗聞其詳也。歲壬午，拜官興化，恭逢太尊春池錢公[1]，擅海內之名，馳域外之議。聞余從夷島還也，乃命纂進土風。余於久忘之，餘記存者什伯之一二。遂錄之進標，曰涉夷紀畧，示兒命書之。覽畢，似有慚色，不欲書。意謂余曰：「小子讀此，乃悲大人於貧賤夷狄患難之苦，備嘗矣。顧僅由一貢而為今官，安所稱富貴也。何以聞於人？」余笑曰：「孺子知乎哉，有余之昔日而又有余之今日，不可謂不富貴也。即不貢而能以菽水歡[2]，夷狄患難之秋亦富貴矣。何傷聞於人。」兒即欣然曰：「有是乎。即不肖能承大人今日之歡，亦何可不知大人昔日之苦？」遂操筆書之。時寓兒蓋在垂髫云。

萬曆戊戌[3]孟春之吉日，東來人同野蔡景榕題於古隋學舍

1 太尊春池錢公：錢順德（一五三五－一六〇〇），字道充，別號春池，南直隸常熟縣人。嘉靖四十四年乙丑科會試進士，未殿試，隆慶二年（一五六八年），登戊辰科進士。萬曆十二年（一五八四年）九月接替李伯芳任福建興化府知府，萬曆十五年由范梅接任。

2 菽水歡：典出《大戴禮記・檀弓下》：「孔子曰：啜菽飲水，盡其歡，斯之謂孝。」後有成語「菽水承歡」。形容子女孝順奉養父母，雖是粗疏清淡的食物，也能帶給父母歡慰。

3 西元一五九八年。

題辭

長樂謝章鋌[1]

遙想南塘草檄時，蛟鼉十萬避旌旗，祇今零落平戎策，偏有干戈照海湄近寧德以加賦用兵。

泥首花門事可悲陳雲鷺代父琯質於倭，歸著《劍遊草》、《雪齋詩集》。吟成江怨淚如絲林坤被略，作江怨詩百首。[2]當年前輩風流甚，海國飄零尚有詩。

侯官劉家謀

南塘將略渺如煙，烽火重驚鶴嶺邊，怪底七歌悲海國，故鄉咫尺已淒然。

閩書[3]福寧州英舊

蔡景榕，字尚秀，幼聰穎不作俗態。嘉靖辛酉歲，被虜入日本者三年，禿頭跣足，吟詠自如。有番僧俊可憐其才，送商船以歸。萬曆間以貢授興化訓導，歷官香河、興國、隨州，率以正大表儀，多士林居詩酒自娛，趨迎不染所著。有《海國生還集》行世。

邑志列傳[4]

蔡景榕，字同野。嘉靖四十一年倭寇被擄，索贖金不得，驅之入海，乘南風七晝夜而至倭島。其地為日本西海道薩摩州麑島郡[5]。遂髡之，既而賣與肥前州商人，有倭僧名俊可[6]者，住南林寺[7]，頗知書。景榕謁焉，音語不通，索紙筆，書大明秀才數字進之。僧試以詩，立就贖而留之寺，委以繕寫。後因題畫雁詩歸思甚切，僧憐之，遂命蓄髮附漳州通番船，一月由月港歸鄉，蓋嘉靖四十三年也。謁學使，仍補弟子員。萬曆八年充歲貢，司訓興化，調北京香河縣訓導，陞江西興國教諭、湖廣隨州學正。年六十告歸，卒七十二。生平坦易，和藹所至多愛之者。著有《海國生還集》，子世寓有詩，名號西園居士，著有《西園集》。

長溪瑣語[8]

蔡景榕者，寧德縣諸生也，頗能詩。嘉靖辛酉五月，倭破縣城，擄之歸。至西海道薩摩州甑島郡。髡其首，奴使之，困若備極，求死不得。閱兩月，賣與肥前州商，得錢八千文而去。至八月朔，隨往松源山南林寺，老僧俊可異而詢之。景榕書大明秀才示之。僧因試以芙蓉詩，景榕援筆立就曰：「風來翠蓋動，露滴霞杯濃。不與春芳競，秋江獨逞容。」僧乃留之寺中，命錄書經典及《太平記》、《倭國玉篇》等書。逾年，景榕求歸甚切，僧與眾議欲妻之，且給以田。景榕題雁詩於便面曰：「金風瀟瑟碧天秋，淺水平蘆亦暫游。萬里青霄終一去，野鳧無計漫相留。」僧知其意，不復強之。然倭頻年入寇，無便可歸。癸亥春，乃潛命畜發。甲子春，有漳州通番舶至，懇於僧得附歸。聞於官仍復書生，後以歲薦。官至隨州廣文。

鶴場漫志

蔡景榕，字尚秀，一字同野，自號日東來人。邑諸生。嘉靖辛酉為倭擄歸，居南林寺三年，有〈詠芙蓉〉、〈題畫雁〉、〈七歌〉諸作。既還，仍補弟子員，以歲貢官興化訓導，終隨州學正。年七十二卒。詳邑志案周亮工閩小紀言其晉秩縣，云歷仕於莆、於燕、於興國、隨州，施教則士霑時雨，署邑則民蔭甘棠，似景榕嘗攝合，然並不言其何地也。譔有海國生還集，志日本風土極詳，詩如〈林醒亭招飲〉云：「醉為鄉情重，狂應客禮疏。」〈送蕭閩山還昭陽〉云：「窺鏡漫嫌新白髮，歸氈堪擁舊青山。」〈迎春有感〉云：「便覺胸襟同宇宙，不知身世在塵埃。」〈病中喜兒至〉云：「假使溦江堪死去，何如海國不生還。」俱清遠可誦。

1 謝章鋌（一八二〇—一九〇三），字枚如，福建長樂人。清末福建地區著名文人。同治五年（一八六六）中舉，光緒三年（一八七七年）中進士。著有《賭棋山莊全集》。其九世祖謝肇淛，明代名筆，著有《五雜俎》。

2 林坤被擄事蹟，見乾隆《寧德縣志》。

3 《閩書》：明代文人何喬遠撰，成書於萬曆四十八年（一六二〇）。此處抄錄於《閩書》卷之一百二十〈三英舊志・福寧州〉。

4 邑志列傳：此處指《寧德縣志》。可參照清乾隆四十六年刻本卷之七。

5 西海道薩摩州麑島郡：西海道乃日本五畿七道之一，涵蓋今日九州島及其周邊群島，包含豐前、豐後、筑前、筑後、肥前、肥後、日向、大隅、薩摩、壹岐、對馬諸國。於其中，鹿兒島（麑島）郡座落於薩摩國之中央東部，東望鹿兒島灣，北界大隅之始羅郡，西鄰薩摩之日置郡，南接同國之谿山郡。然而，自明治廿二年（一八八九年）起，該郡被劃分以創建鹿兒島市，自此後因市之編入與郡域變更，成就今日之郡域。於近世，屬於鹿兒島郡之地包括現鹿兒島市之北半部，以及市北之吉田鄉。

6 俊可：南林寺第二世主持得翁俊可。據《三國名勝図會》所載可知，得翁俊可俗名為伊知地氏，出身於隅州（大隅）地區。他曾獲得了正親町天皇（一五五七至一五八六年在位）的勅命，特別被賜予「天德正統禪師」的稱號。與耶穌會士沙勿略密切交談的福昌寺僧侶忍室文勝為其師，其本人也對當時前來薩摩的耶穌會士表達出興趣，並於一五六二年與耶穌會士路易斯・阿爾梅達（Luís de Almeida）會面，同時也曾討論過基督教的教義。後於天正九年的十二月二十七日圓寂，享年七十八歲。

7 南林寺：曾經坐落於薩摩藩府南部的寺廟。於弘治二年（一五五六）作為本府曹洞宗福昌寺末寺，由島津貴久開創。在貴久去世後也成為其菩提寺。開山始祖名目上為福昌寺五世主持的心嚴良信，實則得翁俊可。

8 《長溪瑣語》：據《四庫提要》所載：「明謝肇淛撰。肇淛有史觿。已著錄。長溪今之福寧府。是書雜載山川名勝。及人物故事。閒及神怪。蓋亦志乘之支流也。」

海國生還集

霍童[1]同野蔡景榕著

上興化太尊錢春池狀

景榕，嘉靖辛酉，縣遭倭陷，明年五月初九日，身被倭擄，幾見害。限三日贖金，倉猝不辦，值南風起[2]，即驅而入之夷矣。五月十三日發舟，本月廿日到。問之，為日本國西海道薩摩州麑嶋郡也。賊至家，則於榕髠其頭，跣其足，食以糠核，寢之下床。時六月溽暑，早禾熟，晚禾正耘草，勒與同事。事孱弱力弗能任，顧箠楚之加，無奈何，直欲求一死，而彼又靳一刀也。閱兩月，則略賣與肥前州[3]客商，得錢八千文[4]而去。夫商人初未知榕之為儒流也。明日，八月初一，隨往松原山南林寺，謁一老主持僧俊可。蓋倭之知詩書者惟僧，而人之所敬禮者亦惟僧也。是時語言不相通，俱以書代言。求紙筆，書大明秀才數字進。彼以秀才為翰林中人，未有不善詩者，遽面試以芙蓉。時急，強韻以應之：「風來翠蓋動，露滴霞杯濃。不與春芳競，秋江獨逞容。」僧目商人曰：「是秀才矣。我當留之寺。」出錢還之如其數焉。寺中無他委，惟抄寫已。凡寫有《太平記》[5]、《法華經》、《大般若經》、《倭國玉篇》[6]、《大學》、《中庸》白文[7]等部是也，勤慎承事，頗為所愛惜。僧眾三十餘人，稱詩禮者八九僧，幸相視若弟兄。然間嘗以榕思歸情達住持。住持曰：「吾得言於薩摩州，俾妻之，田產之，以安其心，慰其心，而胡以思歸勤也？」榕聞之，故示意於便面之景：「金風瀟瑟碧天秋，淺水平蘆亦暫游。萬里青霄終一去，野鳧無計漫相留。」住持喻意，且進諸僧而言：「知彼歸心切矣。吾崇佛教，慈悲普施，何惜八千錢，而拘人於吾地，使其愁苦呻吟，有似我之荼毒者耶？然所以欲留之者，念我國人擾彼國未靖也。歸而不虞，何如勿歸？少待之，須送琉球，與其好歸，令而父母妻妻子恩我也。」癸亥春，命蓄髮，為歸計。癸亥秋，髮尚短，即懇求附倭子船回，住持甚慮船人不妥且殃及，弗之許。甲子秋，有漳州通番舶至，復乞歸，復以船人不妥見慮，屬之覓，漳人乃素來販者，知其無害，欣然許之。置酒志別，榕遂解脱，離倭境，乘漳人張姓者之船歸焉。計開船時，九月二十一日，到月港則十月二十日也。具狀上中丞南溟汪公[8]。學憲[9]鳳阿姜公[10]憐其狀，准照舊補充廩生，復得與衣冠之會矣。今幸就微程感恩作養，恭承顧問，故具生還之由而紀倭中睹記之畧于左。

1 現為寧德霍童鎮。

2 根據鄭舜功在《日本一鑑・窮河話海》卷七「風汎」章節的記載，可以得知，從日本來往中國的航程必須依賴季節風，這些季節風分為大汎和小汎。大汎期間是從清明後到端午前，此時主要是東北風。端午之後，風向則轉為西南風。小汎則發生在中秋之後至下個月滿月前。因此，在捕獲蔡景榕的那群倭寇，正好趁著風向開始轉變時，乘著西南風返回日本。

3 肥前州：肥前國是日本古代地方行政區劃中的令制國之一，屬於西海道，相當於現今的佐賀縣和長崎縣（不包括壱岐和對馬地區）。

4 八千文：即約八貫錢。根據日本學者小葉田淳的考證，在十六世紀中後期的日本，一貫錢大致相當於日本銀二兩，而日本銀一兩約等於中國銀〇・四三兩。

5 《太平記》：全書四十卷，記載了從後醍醐天皇（一二八八年十一月二十六日至一三三九年九月十九日，一三一八－一三三九年在位）即位起至一三六八年二代將軍足利義詮病死為止的五十年間的軍記物語。

6 《倭國玉篇》：指《倭玉篇》，又稱《和玉篇》，為成立於室町時期以檢索部首的一系列漢和辭典的總稱。現有五十餘種寫刊本。

7 白文：這裡指的是沒有加入訓點的漢文體。

8 南溟汪公：汪道昆（一五二五－一五九三），字伯玉，安徽歙縣人。明代嘉靖、萬曆年間具有重要影響力的文人。嘉靖二十六年（一五四七）中進士。嘉靖四十年（一五六一），汪被任命為福建按察副使，後又升任按察使、福建巡撫直至嘉靖四十五年（一五六六）。在協助戚繼光平倭後，升任按察司副使、副都御史、兵部侍郎。萬曆三年（一五七五）與張居正不合而被迫辭官。有《汪南溟集》八卷。

9 學憲：最初於明正統元年（一四三六年），布政使司下隸屬設立了專門負責地方學校管理的儒學提舉司，並設置提學官一職，亦稱為提學憲臣或督學。提學官作為省一級的教育管理核心人物，其職責廣泛，涵蓋了科舉考試以及學校各項行政事務。除此之外，他們還有責任監督地方官對學校的管理和提調，但並不參與財政和司法等其他政務。

10 鳳阿姜公：姜寶（一五一四－一五九三），字廷善，又有字惟善，號鳳阿，籍貫為南直隸鎮江府的丹陽縣。

在嘉靖三十二年（一五五三年）的癸丑科考試中，名列二甲第四十九名，隨後進入翰林院擔任庶吉士。因丁憂而離職，於嘉靖三十六年六月服滿丁憂後復職，獲任命為編修。在其仕途中，曾先後出任四川提學僉事、南京太常寺少卿、提督謄黃右通政、南京國子監祭酒、太常寺少卿提督四夷館、南京太常寺卿、刑部右侍郎、吏部右侍郎、刑部尚書，以及禮部尚書。於萬曆十七年六月請辭獲准，並被加封太子少保。

計開

夫日本，東南夷也，都大倭之地，又謂之倭。有七道六十六州，皆以州統郡。州郡之長，皆以世相繼，非以德舉，非以言揚。大都以武勇校算為高，而誦詩讀書之務，則見以為迂遠而不切於事情。其知吾儒書者，乃屬之治佛書之僧。僧之文學，冠一寺者，則為一寺之主持，所以選擇而使之，則皆裁於州郡之長。其農工商賈之子，恆為農工商賈，亦各有定業。其來寇，俱係西海道肥前州、肥後州、豐前州、豐後州、石見州、薩摩州、日向州、大隅州之人[1]，蓋西海去彼王之畿[2]、關東道[3]遠且四十餘日，至吾之地，可六七晝夜到也。其人多是海邊販閱者，市廛貧惰無賴者，力農圃之夫，與夫有田產之豪，亦皆奉公守法不盜為也。大抵土瘠人貧，性且狡詐，易於為盜要之引誘、嚮導之罪，則有在此不在彼者矣。

夫尊卑貴賤之相臨，亦有禮法以相守。如芸夫[4]、牧豎[5]與盛服佩劍者，途邁卒遇也，則匍伏於傍俟，其過而後起。如位分相敵者遇彼此，俱稍屈其腰，兩手合掌至臍下以為揖禮。如位分一尊一卑者，遇卑者則去其頭上之笠，脱其足下之屨，俱執之手稍屈其腰，遑遑然走尊者之傍而過，不敢與抗。禮尊者從中行，稍屈其腰，合掌至臍下以相待。如造[6]人家，則先脱屨於寮[7]前，卸其佩刀於側，屈膝至其中之席地，跪伏地致意，禮畢而坐，則茶焉。至於有所爭也，理之曲直皆聽斷於州郡之長，無竹刑鞭笞之具理非，罪重者殺。居夷時見有頭目人好遊蕩，置之僧寺，三個月禿髮鬆髮長，亦不敢擅自歸沐[8]，必待命釋之而後歸。亦曾見賭博撒酒人，而戮之市者。然而來寇不禁，何也？蓋用所盜之物歸之所屬之酋，有利矣。且以夷寇華，自彼視之不啻如秦越人之視肥瘠[9]也，何為禁之哉。

夫男女之生孩提時俱留其髮而不削。但男子年登十五六，則削其髮而鑷之，存鬢邊及頭後髮少許，而無冠冕削髮則為成人矣。佩長短二刀於腰，出入不離，非徒利擊刺，亦以示觀美。多有貧不能置者，欲出則從人假借之。

女子不佩刀，束髮於頂，而濃其鬢無首飾，或多散其髮而不束，蓬蓬然垂之背而已。亦脂唇粉臉，但必欲黑染其齒以為媚焉。嫁娶都憑媒，富厚之家用茶餅酒禮不用錢財，亦自少小時議親。貧賤必拘錢財而成婚，隨其人之醜好，以論財之多寡。其未許嫁之處子，人猶可無忌之。一有定偶，不可亂，亂則刀刃相加矣。若夫設形容而心挑目招者，則酒�中侍兒之奔富厚者也。

夫宮室以安身也。其式則雜木為柱，員竹為椽，覆以茅茨，束以索綯，鋪地上以薦席，四圍剖竹牢障，仍編茅束密以蔽風雨。牖戶[10]出入以席為門，或上蓋以樫板，而環蔽亦以樫板。如《詩》所謂「西戎之俗，以板為屋」，雖倭亦有之，大抵皆簡陋卑狹而非廣廈。至其子之有室，又別構以居之。薩摩州之官宇頗多間，茅寮板屋，俱有其中比常人較寬大，無儀門[11]、譙樓[12]、公廨[13]、閣庫[14]之制，亦好似一大家模樣矣。獨有福昌寺[15]之佛剎，高棟橫梁，崇階敞殿，建置規模大類中華之浮屠，然而蓋之亦以板非陶瓦，通國中未見一瓦屋也。

夫衣服以蔽體也。布帛裁幅而直縫，短其袖而殺腰，非上衣下裳之制，男衣短，纔至膝；女衣長，曳至踵，俱不有裙褌。束以絲辮之帶，或以色絹包棉紗為帶，而束之。但女衣內幅布橫圍下體，而著其衣。出遊時，又將一衣從頂蓋下，披於所著衣上。男子用花布製一長袴，絡於衣之外，夏亦葛，冬亦裘，知寒暑之宜。若短衣露脛而禁寒者，則習俗慣也。凡綾緞紬絹苧葛麻枲，彼地所出，中國所至者，各隨家之貧富以為有無。托足之物，則草履皮屨，男子皆用之，而沍寒[16]之時女亦有皮屨也。

夫飲食以養生也。朝饔夕飧[17]，猶古之風。用方盤盛食物，左飯右羹，前蔬碟後安筯[18]置之，席地上坐結跏趺[19]而食之。僧齋素，俗茹葷，僧所飯者，米也，粟也，俱精鑿；但每食菜一羹，飯半碗，人定其分，外無所加。酋長頭目之家飲食更豐厚，魚羹水鳥不待賈而足[20]。平等之人將穀舂簸其殼，去三四，即竟碎舂之如糠，然乃足熱水於鍋，放下糠米作糜。凡栗、麥、黍、稷、荳、芋與夫糟粕晒乾，雜豆米炊熟，皆以充饑飲以羹遇無菜時，多以苦蔘擣汁和豆醬水飲者。若大會賓客，則先下飯食，半進酒，如僧命行童[21]，俗命侍女，捧大杯跪進，照客位遞勸。席有三盤，盤僅四五品，索麵饅頭，彼之所謂大會矣。

夫地之產載物類多矣。其藏山隱海之靈物，沈沙棲陸之瑋寶，固未之聞見也。然得於所聞而遺所未聞，得於所見而遺所未見，則言果類有桃、李、梅、栗、梨、柿、橘、柚、楊梅也。花類有蘭、萱、桂、菊、海棠、芙蓉、長春、杜鵑、山茶、木槿也。木類有松、栢、樫、楓、樟、桑、榆、槐、柳也。菜類有冬瓜、蘿蔔、茄子、菠薐、葱、韭、薤、蒜、笋、蕨、薑、芹也。禽類有雞、鴨、鵝、雁、燕、鶯、鳩、鴉、鷹、鵲、鷗、鷺、鴛鴦、鷓鴣也。獸類有虎、鹿、牛、馬、貓、狸、犬、羊、豕、猴、兔、獺也。魚類大者幾百斤，小者多不知名，所知則鯊、鰻、鰕、鱉、蟳、蠏、螺、螯耳，至若茶、鹽、鐵、硝之類，在處有之，即裝載往來不禁也。

夫川谷異制，古記之矣。而倭有七道、京畿、關東等道相接壤。獨西海道遠隔一海，又在倭國王化之外。吾名倭之人為狄，倭又名西海人為狄。是地無甚高山峻坂以上下，而長溪小澗之出入在。在有之為州郡大去處，亦有數百家。或去三里而居，或去五里而居。無島嶼而不有人烟也。海水色黑，而味極鹹。取而煮之，即成鹽矣。鑿井而飲，井水清洌。地常震，一年經有四五次。時有水面石頭能浮，謂之浮石。有松下砂生之菰，謂之松露。有溫泉甚奇，在薩摩州之屬地。

夫四民業已聞矣。農則山田種栗、黍、稷、大小麥。水田種稻，有蚤晚、粳糯之分。耕耘收斂事同中國，穫負之，歸椎穀斗量，裹以草包，藏之土窖，而輸其半於其主焉。工藝有駕屋[22]者，造船、漆器具者，鍛刀者，鑄鍋者，造扇者，造筆者、紙者，染色、塑畫者，犁、鋤、斧仍有鐵匠，箱櫥、桶、盤各有木工。數項中之，頭目皆受田於州郡，而身奉公者也。商賈常往來閩、廣、球、趾之區，與販綿布、絲絮、砂糖、瓷器、蘇木、胡椒、沉香、紅花、靛青、藥材、脂粉、針剪等物以歸。利市則不啻倍息，折閱[23]則輒起盜心，假生理而作非為者，其商賈哉。若捕魚煮鹽，乃濱海居人之生計；若供蠶績、縫衣裳、操井臼，亦彼中婦人之所有事焉者也

夫倭僧有曹洞宗[24]，臨濟宗者[25]，皆批緇衣[26]之製，與中國同，有田產，不自服力。蚤朝[27]登堂，言奉經畢而退。知字者，習字；知詩者，讀詩；不能者，群居晝寢，或逐市閑行。書籍僅有，據所見，有《五經》、《四書》、《性理》[28]、《通鑑》[29]、《漢書》、《三國志》、《韓柳歐蘇[30]古文》、《李杜詩全集》、《唐賢三體》[31]、《草堂詩餘》[32]、《蒙求》[33]、《金璧》[34]、《日記故事》[35]、《事林廣記》[36]、《列傳》諸書。但俗尚在詩四六次之[37]，而時議論策在所弗識，故聰明顓攻者以《唐賢三體》為本領，詩韻最熟，稍出入則嗤笑矣。彼頭目之子，有從之問字學書者。至於人喪殯忌辰，多請之作功果，亦有精於醫術而能療人病者。四月十五為結夏日[38]，則閉門誦經；七月十五為解夏，則群出縱遊。此二宗之僧，人人尊

重之。有一樣僧身穿玉白色，偕削髮未削髮之尼混一寺而居，名為道場[39]。又一樣僧，背負佛龕偏遊六十六州，到一州則收買其州人所寫法華經一部，其經紙長三寸，細書捲之，可兩指圍，各州收完然後歸。臨終時以此經殉也[40]。道場之僧，人所輕視，乃收經者其似遊方化緣之流與。

夫倭居海島，地屬東南。春發梅花，冬存綠葉，四時之氣大與甌越閩廣相通。然而颶風烈烈，則時時有之。若雨雪紛紛即淹，三年而未一睹也。霜寒亦凝，水不甚冰，夏月恆旱乾，禱雨於靈感觀音寺[41]，有應哉。至其歲時伏臘之禮，則又竊聞中華之風聲，而自為外夷之習俗者也。正月賀年，多以酒矣。而上元，罕燈燭之張。清明奠墓，止用茶矣。而中元盛蘭盆之會。端午包角黍縣艾以避邪，而鬬舟之戲弗見也。七夕，食桃仁，穿針以乞巧，而淘井之事兼行也。時值中秋，乃剖瓜蒸芋以獻明月。節臨重九，亦嚼萸酌酒以對黃花。當三伏之辰，則盡日不理他事。逢庚申之夜[42]，則焚香直守黎明。冬至，作糍餅以持贈下户。寂寥除夕，燎柴竹以為光，大家欣慶。

夫飽煖逸居之徒，每從雜劇、聲伎之樂演者，吾謂戲矣，彼不謂戲而曰能[43]。唱者，吾謂曲矣，彼不謂曲而曰歌。元正[44]之時，名為樂户數人擊鼓敲板，沿門口誦「萬歲樂，萬歲樂」[45]，連數十聲不置，賞之酒餅錢米以去。七月，童子數十人，身穿雜色鮮衣，頭簪紙剪綵花，背後插一長大掌扇，懸小鼓於胸前，兩手從旁擊之，笑呌、跳躑、後先追隨，月朔至月終罷也。出有入無，吐丸穿鼻者，則謂法家。刻木穿絲，手提口唱者，亦謂傀儡。瞽子撥琵琶以說故事[46]。酋豪市儈則能彈二弦四弦之聲焉。好雙陸[47]，善圍棋，賭拳爭采，蒱摶大呼，一擲而決成敗於須臾者，倭中豈少斯人哉。

夫書契之興，倭所從來久矣。有《和漢合曆》[48]，和者倭也，漢謂中國也，合曆謂曆之歲次。某甲子是和某代某年，漢某代某年，合而記之。如榕壬戌歲到倭，見曆所記者日本天祿七年[49]，大明嘉靖四十一年也。自唐虞[50]

三代遠者無論，即漢以下至大明，其中帝號年號俱不爽，但記年而不記事。有《御成敗式目》[51]者，即其中之所定律令也。有《太平記》者，為冊四十本，乃記中國及琉球、朝鮮、交趾、暹羅時事，如載唐明皇寵楊貴妃始末至死於馬嵬止。乃中國一事有三重韻[52]，詩韻平上去入聲，彼以平上去三聲彙為三重，其刻板之式如

一東　一董　一送

東震方也　凍夏大雨沾漬貌　董督也　蝀蝀也　懂懂也　送遣也　凇凇也　鳳鳳也

上重橫列東韻，中重橫列董韻，下重橫列送韻，字盡，則列二冬二腫二宋如前式。平聲韻三十，上聲韻二十九，去聲韻二十九，故配為三重，而入聲韻十七則另附後焉。倭中自製四十八字，皆與彼音域語相近，全憑此數字而切音中國之字，詩文不用，俗之書札、契券多用也。

夫倭俗相傳，秦時徐福齎童男童女入海求神仙，無驗，遂逃之倭不歸，今其國之熊野神[53]而人極崇祀者，即徐福云。嘗觀其《太平記》，見倭於漢時

多來朝，歷魏晉宋隋皆入貢，唐時太宗征伐四夷而日本畏服，朝貢不斷。嘗有僧往浙之四明學文，如日東病僧[54]，奉秘書監還日本[55]，唐人俱有詩至今，猶知有唐，故謂大明人為唐人也。元時日本不朝，乃發七十萬艘以征之，將至其國，忽大風起，飄溺人死，後止得一艘回者。洪武初，日本曾以倭刀及扇進貢而許之，但輒入輒殺掠人，永樂年惡其狡詐恐窺中國虛實，遂絕其貢。昔時入貢使者有詩曰：「國匪中原國，人同上土人，衣冠唐制度，禮樂漢君臣，銀甕篘新酒，金刀切細鱗，年年二三月，桃李一般春[56]。」其言信不誣矣，然所謂衣冠唐制度者，或昔是而今非，或京畿等道猶然，而西海之狄未必然，又未可知也。

夫莊舄仕楚猶聞越吟[57]，以孤身而羈海外，誠不能忘父母兄弟妻子之思矣。故庚申守夜，因倭之俗焚香致祝。情見乎詞云：「父兮父兮在高堂，憔悴將教兩鬢霜，臨老不堪經世亂，避時何計度年荒，遙念著，便心傷，陟巔欲展瞻雲眼，萬頃烟波又渺茫，今宵誠信禱穹蒼，炷此香，惟願椿庭福壽康，毋兮毋兮棄子亡，誰知子亦罹扶桑，生前未獲千鐘養，死後纔丁半載喪，心席折淚波汪罔，極慈恩，無以報，終天抱恨豈能忘，今宵誠信禱穹蒼，炷此香，惟願萱闈登福堂，儂兮儂兮細自量，曾從少小業文章，人稱邁跡[58]由鉛槧[59]，誰擬髡頭伏劍鋩，到此際，好恓惶[60]，詩書拋卻干戈後，蕞爾[61]蜉蝣寄薩陽[62]，今宵誠信禱穹蒼，炷此香，惟願萍蹤歸故鄉，弟兮弟兮總未剛，時逢兵燹[63]日奔忙，母方死別歸冥壤，兄又生離入虜疆，不相見，若參商[64]，鶺鴒原上[65]飛鳴急，鴻雁天邊[66]怨淚長，今宵誠信禱穹蒼，炷此香，惟願棠華[67]奕葉[68]芳，妻兮妻兮士女行，想經喪亂亦啷襠，寄生縱比塵棲弱[69]，繼世還期鳳卜[70]昌。從別後，莫相將，幾回明月清風夜，不聽猿聲亦斷腸[71]，今宵誠信禱穹蒼，炷此香，惟願糟糠不下堂，子兮子兮命不良，生來襁褓際兵槍，二旬得汝纔二歲，一別如今各一方，恩愛刃，割愁腸，帶草春窗留素業，機邊夜雨伴昏黃，今宵誠信禱穹蒼，炷此香，惟願男兒當自強，心香炷罷立迴廊，驟過瀟瀟雨一行，天似有情天亦慘[72]，為予流淚到予傍，雨漸歇，月仍光，寒風颯颯透紗窗，和衣聊假寐魂夢，即還鄉，正敘人間離別苦，寺僧又把曉鐘妨。」時歲癸亥書於倭之南林寺，而僧亦有為之和者。

凡此皆述其畧也。為其境俗性智之優薄，地產物生之區品，山溪道途之險易，氣候涼暑之通隔，器用居養之精粗，內外職事之勤窳，點畫聲韻之異同，讌謔蹋鞠[73]之瑣細，有知有不知，有記有不記，固不能審求根實，備寫情形亦非敢奇譎不經[74]而為誣異之說，謹錄進呈，冒塵台鑒，榕不勝感激戰懼之至。

1 鄭若曾在其著作《籌海圖編》中寫道：「向之入寇者，薩摩、肥後、長門三州之人居多。其次則大隅、筑前、筑後、博多，日向、攝摩、津州、紀伊種島。而豐前、豐後、和泉之人亦兼有之，乃因商於薩摩而附行者也」，與此相較，蔡景榕之筆僅限於九州地區，這可能與其並未離開薩摩有關。

2 彼王之畿：指畿內。在古代日本，「大君」（おおきみ）在內的天皇所居住的都城周邊地區，常作為一種專稱來使用。根據律令制下的地域劃分「五畿七道」，大和國、山城國、攝津國、河內國以及和泉國被稱作「五畿」。

3 在日本古代，雖然五畿七道的行政區劃中（畿內、東海道、東山道、北陸道、山陰道、山陽道、南海道、西海道）沒有「關東道」的名稱，但在地理上，卻有著「關東」和「關西」的劃分。這裡的「關」，指的是飛鳥時代末期為了防衛畿內，於東海道的鈴鹿關、東山道的不破關以及北陸道的愛發關。到了平安中期，逢坂關取代了愛發關，成為了新的重要關口。這三大關卡以東的區域被稱作「關東」。源賴朝為了將鎌倉幕府定位為「畿內近國」等西部的對立面，而稱之為「關東方」。此稱呼日久漸為固定，逐成官方名稱。隨後鎌倉幕府將其影響力延伸到的區域，如遠江國、信濃國、越後國等地，皆視為「關東」。而在室町幕府時期，鎌倉公方的管轄包括了相模國、武藏國、安房國等「坂東」的八國，還有伊豆國和甲斐國，也同樣被視為「關東」。隨後，陸奧國和出羽國也納入鎌倉公方的統治之下，有時也被視作「關東」地區的一部分。

4 芸夫：指農夫。

5 牧豎：指牧奴；牧童。亦作「牧竪」。《後漢書・荀韓鍾陳傳論》：「漢自中世以下，閹豎擅恣，故俗遂以遁身矯絜放言為高。士有不談此者，則芸夫牧豎已叫呼之矣。」

6 造：拜訪，到。

7 寮：小屋。

8 歸沐：回家洗髮。

9 典出韓愈〈爭臣論〉：「視政之得失，若越人視秦人之肥瘠，忽焉不加喜戚於其心。」

10 牖戶：指門與窗戶。此處指代房屋。

11 儀門：明代宅邸的第二重正門。

12 譙樓：古時城牆上用作瞭遠的望樓。

13 公解：指官舍公署。

14 閣庫：指中國古代官署裡收藏檔案的架閣庫。

15 福昌寺：福昌寺於應永元年（一三九四年）由島津元久創建，作為島津家族的菩提寺而聞名。該寺歸屬於曹洞宗，開山祖師為石屋真梁。於全盛時期，僧眾高達一千五百人，為南九州最盛大的佛教寺院。其末寺不僅分佈於南九州，更遠及北九州、中國、四國以及北陸各地，據稱其數目達到兩千至三千寺之多。其中，蔡景榕所居住的南林寺也列為其末寺之一。天文十五年（一五四六年），忍室和尚為住持時成為後奈良天皇的勅願寺。同十八年（一五四九年），耶穌會士聖方濟・沙勿略曾多次造訪該寺，與忍室和尚進行深入的宗教對話與交流。到了明治二年（一八六九年），隨著明治政府基於神道國教化政策而展開的反佛教運動（即廢佛毀釋），此寺最終遭到廢棄。

16 冱寒：寒氣凍結。《左傳・昭公四年》：「其藏冰也深山窮谷，固陰冱寒，於是乎取之。」

17 朝饔夕飡：飲食以外，別無所事。

18 筯：「箸」的異體字。

19 結跏趺：為佛教及印度教用語，指兩腿交疊盤坐的姿勢。

20 不待賈而足：出自《史記》卷一二九〈貨殖列傳〉：「總之，楚越之地，地廣人希，飯稻羹魚，或火耕而水耨，果隋嬴蛤，不待賈而足。」這裡指魚鳥禽類資源豐富，價格便宜。

21 行童：指在寺廟服侍僧人的少年，被稱為稚兒（ちご）。值得一提的是，在中世紀日本的真言宗和天台宗等建立在山中的大型寺廟，由於其禁女制，稚兒便成為了其寺廟男性中的「女性化」角色，經常被視為男色對象。

22 駕屋：此處即指專門製作駕籠（かご）的匠人。駕籠乃一種以人力為驅動的運輸器具。乘客於長棒下懸掛的座椅中就坐，隨後由數人前後共同挑起該棒，以人員運送。

23 折閱：減價銷售。虧本。

24 曹洞宗：為禪宗的一個分支，其大本山是永平寺。該派強調遵守戒律和通過座禪來達到悟性。起源於唐之洞山良價大師。於日本，由僧道元在安貞元年（一二二七年）受法於宋之長翁如淨後，歸國至宇治興聖寺，始廣傳曹洞禪教。

25 臨濟宗：為禪宗的一個分支，源於唐之臨濟義玄大師，後由黃龍、楊岐二派推至盛極。於日本，乃由榮西大師，在受黃龍之法後，於建久二年（一一九一年）引入日本，遂於島國廣為傳播。

26 緇衣：黑色的僧服。〔漢〕王充《論衡．程材》：「白紗入緇，不染自黑。」

27 蚤朝：早晨。

28 《性理》：指《性理大全》。全書七十卷，由明永樂皇帝之命，胡廣等人編纂，成書於永樂十三年（一四一五年）。此書匯集宋、元兩代性理學家百二十餘人之學說。與「五經大全」、「四書大全」並列，俗稱永樂三大全。

29 《通鑑》：指《資治通鑑》。

30 韓柳歐蘇：指韓愈、柳宗元、歐陽修、蘇軾。

31 唐賢三體：此乃由南宋周弼所匯編之唐詩選集，專門收錄七言絕句、七言律詩及五言律詩三種格律，因而得名三體。內含唐代一百六十七位詩人之四百九十四首佳作。

32 《草堂詩餘》：此集為唐宋詞之選編，編者不詳，然多認為源於南宋時代。主要包涵北宋及南宋初期詞人之作，亦有唐五代詞作夾雜其中。現存版本大致分為分類本與分調本：前者按詞之主題分類，後者則依詞之字數從短至長排列，分為小令、中調、長調三種。與五代時編纂的《花間集》並列，屬於代表性的詞選集。

33 《蒙求》：俗稱《李氏蒙求》，由唐代李翰所著，是一部針對童蒙的啓蒙書籍。自平安時代以來在日本亦有廣泛之應用與閱讀。

34 金璧：指金璧故事，著者未知，屬於發蒙讀物。收錄了自春秋至明代有史可載的人物故事二百五十餘條。日本現所藏刻本多為明代鄭以偉所編纂的《新鍥鄭翰林類校註釋金璧故事五卷》。

35 日記故事：指元代建安人虞韶所編童蒙類書。以忠孝節義故事為主。

36 《事林廣記》：由南宋晚期文學家建州崇安人的陳元靚所著。是一種日用百科全書類型的書籍，收有大量與當時民間生活有關的資料。

37 「四六」指四六駢文。「俗尚在詩，四六次之」，意為世俗之風尚首在於詩，其次為駢文。

38 結夏：佛教術語，也稱為夏安居。陰曆四月中旬。相對應的陰曆七月中旬為解夏。《運歩色葉集》（一五四八）有云：「結夏 ケッケ 自四月十四日至七月十四日九十日也」。《荊楚歲時記》：「四月十五日、僧尼就禪剎掛搭、謂之結夏、又謂之結制」。

39 此處應指時眾道場，即今日之時宗。時宗乃是由一遍上人（一二三九－一二八九）所創立，繼承自淨土宗的念佛教團。與法然與親鸞所主張的專修念佛有所區別，時宗結合了日本獨特的民間信仰，並彰顯了濃厚的自然主義特質。初時，此教團被稱作「時眾」而非「時宗」。儘管「時眾」原為用以描述各式僧尼的通稱，但由於其他教團漸停用此詞，只有一遍上人的追隨者繼續使用，因而漸漸成為教團的正式名稱。至江戶時代，「眾」一詞被「宗」所取代，「時宗」隨之鞏固為宗派的正式名稱。因此，江戶時代以前，尊一遍上人為祖的僧尼眾被稱為「時眾」；而江戶時代以後，則普遍被稱為「時宗」。關於時宗的法衣，該宗派摒棄了傳統的中國式或日本貴族式的法衣，而是從庶民的服裝中尋找靈感。即捨去了「式正」的衣飾觀念，選擇了由粗糙纖維製作、無裳的衣物。由於其粗糙的質地，故常被稱為「網衣」。同時，由於這類衣物非常不尋常，也因此被稱作「馬ぎぬ」。然而，時宗的信徒對此類衣物極為尊重，並給予「阿彌衣」的尊稱。

40 此處指六十六部巡禮行為。稱為「六十六部」或「六部」的這一宗教實踐，乃指涉及六十六部回國聖（巡禮者）的儀式。儘管該習俗在當代日本已然逐漸式微，此一巡禮活動曾是日本史上最盛大的宗教行為。在日本中世紀時代，該實踐主要由專業的宗教人士所執行，然而也有與山伏（一類日本修行僧）相似而難以區分的情況。隨著時代推移至近世，逐漸有俗人參與其中，進行全國性的巡禮。值得一提的是，「六十六部」這一名稱有時亦用以指奉納的經文共六十六部。一般認為，這是指那些遊歷遍及日本全國六十六個州（或稱國），並在每一州的特定靈場（聖地）各奉納一部法華經的宗教人士。然而，也有學者認為，這些巡禮聖地並非絕對固定，實則取決於實踐者自身的選擇。

另外清末著名藏書家黃國瑾也曾讀過《海國生還集》，並在其《訓真書屋詩存》卷二中也曾記下蔡景榕書中對六十六部的描述：「何子峨前輩奉使日本，得唐人書《般若經》第三分，善現品歸贈繩菴前輩。卷尾有

『延慶年辛亥畢寫』字樣，考四裔年表：日本花園帝延慶元年，當元武宗至大元年辛亥，皆為三年。是時，其國大臣貞時專政，有隙可乘；而元自世祖用兵交阯久，停東征，與今日不問琉球事，適相類。蔡景榕《海國生還集》云：『倭僧背負一龕到一州，則收買寫經一部。』此卷末題字，必僧所為也。假觀有感，平間因成一律。」

41 日本古代部分地區有像寺廟裡的觀音像祈雨的習俗。如寶曆十三年（一七六三）知多郡松原村就記載了花費兩貫六百八十五文錢在向觀音祈雨上，「是ハ鍛冶屋村くわんおん（観音）江雨請御礼馬之とう諸入用（這是鍛冶屋村向觀音祈雨而花費在御馬之塔上的費用。）」

42 庚申之夜：指守庚申（日本又稱庚申侍、庚申講、御庚申、御庚申御遊、庚申御會或庚申會）。庚申信仰由中國道教起源，人體的腹中據説存在名為「三屍」的蟲。這些蟲會在干支為「庚申」的日子夜晚，待人們休息入睡時離開人體，去向天帝報告該人所做壞事。隨後，天帝會指示天的邪鬼對其施以懲罰。因此，民眾會為了防止三屍蟲離開身體，而選擇不入睡，去參拜神祇。這邊是庚申講的起源。在日本一般認為室町時代末期之後，佛教才和庚申信仰開始形成密切的關係。其實踐方式是，講中（信仰團體）的成員會聚集在其中一戶人家，然後在本尊前進行簡單的勤行（宗教儀式），接著大家會共同用餐，通宵達旦地進行交談。

43 能，原指「能藝」或「藝能」。廣義上的「能樂」包含「式三番」、「能」和「狂言」。隨著其他表演形式的衰退，猿樂逐漸盛行，「能」逐漸成為猿樂的代名詞。到了明治時代後，「能樂」成為了這種表演藝術的通稱。此劇需要配戴面具來完成表演。

44 元正：元旦。元日。

45 萬歲樂：原為一種舞樂的名稱，是一首喜慶的曲目，通常在即位儀式等場合上由四人或六人共同演出。該曲源自唐樂，並據稱是隋煬帝所作。但在古時日本，喜慶或高興時刻用作感動詞或表達方式，通常用來強調或描述該特定時刻的喜悅或重要性。此處應為新年之際，樂戶高呼萬歲樂作為祝福語來討要錢財。

46 此處指日本古代的琵琶法師。多以盲目形象出現在史料或文學作品之中。

47 雙陸：一種棋盤遊戲。起源於印度，並在奈良時代通過中國傳入日本。兩人分別坐在一個遊戲盤的對面，輪流擲骰子。根據擲出的點數來移動盤上的棋子，第一個將所有棋子移動到對方陣地的人為勝者。

48 此處應指和漢年代記（合統），同時記載了中國和日本的統治者與年號。

49 此處為蔡景榕之記憶錯誤，正確應為永祿五年。

50 唐虞：中國上古時期中原聯盟領袖的唐堯和虞舜的合稱。又稱堯舜。

51 御成敗式目：鎌倉幕府的基本法典，是在貞永元年（一二三二年）由執權北條泰時指示評定眾進行編纂的。該法典共有五十一條，以源賴朝以來的慣習法和判例為規範，主要涉及行政和訴訟等方面，是武家最初的成文法。這部法典後來成為了後世武家法的基礎。

52 此處所謂「三重韻」為《聚分韻略》。該書乃是由鎌倉時代末期的禪僧虎關師鍊（一二七八－一三四六年）所編纂的一部供作詩之用的韻書。該書首先將漢字依據平、上、去、入四聲進行了百十三韻的分類，隨後再按照乾坤、時候、氣形等十二個主題進行意義分類。到了十五世紀後半，一種稱為「三重韻」的版本成為主流，該版本將平、上、去各聲的同韻字分為三層疊放，而入聲則單獨列於末尾。這種「三重韻」版本一直流傳至江戶時代末期，存在著數十種不同的版本。目前所知最古老的版本為文明十三年（即一四八一年）的薩摩版三重韻。蔡景榕在南林寺極有可能是目睹了這一版本的「聚分韻略」。

53 日本流傳徐福在日本熊野登陸，並將當時大陸的技術傳授與當地民眾。因此也被當作熊野權現的一個化身之一，並在分社中祭祀。

54 此處指晚唐詩人項斯的詩作〈日東病僧〉：「雲水絕歸路，來時風送船。不言身後事，猶坐病中禪。深壁藏燈影，空窗出艾煙。已無鄉土信，起塔寺門前。」

55 此處指唐代詩人王維（七〇一－七六一年）的詩作〈送秘書晁監還日本國〉：「積水不可極，安知滄海東。九州何處遠，萬里若乘空。向國惟看日，歸帆但信風。鰲身映天黑，魚眼射波紅。鄉樹扶桑外，主人孤島中。別離方異域，音信若為通。」

56 諸多明清文獻中均錄有此詩，可謂近代日本人所作詩作在中國最為有名者。如〔明〕薛俊《日本國考略》、〔明〕鄭舜功《日本一鑑》、〔明〕李言恭、郝傑《日本考》、〔明〕蔣一葵《堯山堂外紀》、〔明〕嚴從簡《殊域周咨錄》、〔清〕錢謙益《列朝詩集》等。該詩或被記為無題，或被記為〈答大明皇帝問日本風俗〉，或被記為〈答風俗問〉。該詩一般寫為「國比中原國，人同上古人。衣冠唐制度，禮樂漢君臣。銀甕篘新酒，金刀鱠錦鱗。年年二三月，桃李一般春。」可以看出與蔡景榕所記載版本存在些許不同。

57 出自陸游的〈雜題〉：「賀公在朝雅吳語，莊舄仕楚猶越吟。我幸歸休在閭巷，燈前感慨不須深。」其中莊舄典出《史記・張儀列傳》，指戰國時期的越國人，在祖國懷才不遇，投奔楚國並獲重用。但是仍然不忘故土，在病時以越音發出呻吟。後人以「莊舄越吟」來表達愛國懷鄉之情。

58 邁迹：開創事業之義。

59 鉛槧：指古人書寫工具。鉛，鉛粉筆；槧，木板片。另有文章、典籍、校勘之義。

60 悽惶：悲傷惶恐之狀。〔唐〕韋應物〈簡盧陟〉詩：「悽惶戎旅下，蹉跎淮海濱。」

61 蕞爾：多形容較小的地區。《左傳・昭公七年》：「鄭雖無腆，抑諺曰『蕞爾國』，而三世執其政柄。」〔明〕馮夢龍《東周列國志》：「姜氏夫人見共叔無權，心中怏怏。乃謂莊公曰：『汝承父位，享地數百里，使同胞之弟，容身蕞爾，於心何忍！』」

62 薩陽：指薩摩鹿兒島。根據日本國語大辭典的解釋，「陽」可作為美稱接一字國名之後。比如「薩陽」「肥陽」「尾陽」「甲陽」。不過日本學者山田忠雄倒是認為這種用法是源自「洛陽」。

63 兵燹：多指因戰亂兵禍而遭焚燒破壞的災難。〔宋〕張存《重刊埤雅序》：「歷世既久，悉毀於兵燹；間有遺編，多為世俗秘而藏之。」

64 指參星和商星。此二星多在空中彼此出沒。多指代彼此對立、不和、親友隔絕。〔南朝梁〕吳均〈閨怨〉詩：「相去三千里，參商書信難。」

65 鶺鴒為鶺令，水鳥名。喻兄弟友愛，急難相顧。先秦〈常棣〉一詩中有「脊令在原，兄弟急難」。

66 鴻雁天邊：出自〔宋〕晁補之的〈金盞倒垂蓮（次韻同寄霸師楊仲謀安撫）〉：「休說將軍，解彎弓掠地，昆嶺河源。彩筆題詩，綠水映紅蓮。算總是、風流餘事，會須行樂年。況有一部，隨軒脆管繁弦。 多情舊游尚憶，寄秋風萬里，鴻雁天邊。未學元龍，豪氣笑求田。也莫為、庭槐興嘆，便傷搖落淒然。後會一笑，猶堪醉倒花前。」

67 棠華指棠棣之花。典出《詩經・小雅・常棣》。

68 奕葉，指累世，代代。〔明〕宋濂〈元徵士周君墓誌銘〉：「君自以奕葉為儒，繼承不易，孳孳問學。」

69 塵棲弱：比喻人生無常。典出皇甫謐《列女傳》：「人生世間，如輕塵棲弱草耳。」

70 鳳卜：典出《左傳・莊公二十二年》，代指佳偶。

71 不聽猿聲亦斷腸：出自〔明〕何景明的〈竹枝詞・十二峰頭秋草荒〉：「十二峰頭秋草荒，冷煙寒月過瞿塘。青楓江上孤舟客，不聽猿聲亦斷腸。」

72 此句化用自〔唐〕李賀〈金銅仙人辭漢歌〉：「天若有情天亦老」。

73 讌謔蹋鞠：宴飲遊戲之時。

74 奇譎不經：語出《後漢書・西域傳》的「然好大不經，奇譎無已」。該詞用以形容為了塑造宏偉壯觀的敘述而不惜採取怪誕、超乎尋常的手法。

附記日本夷語

天甸尼 日非祿 月都急 風亢也 雲姑摸 雷刊眉 雪又幾 霜審摸 霧幾里 雨下米 起風亢也付祿

下雪又幾付祿 下雨下米付祿

地只尼 土卒子 河嗑哇 海惡美 山牙馬奴 水民足 路密止 石依石 沙是那 遠它加撒 近只加撒

長拿合矢 短密矢拿矢 東欣加矢 西弭矢 南米那米 北乞它 春法盧 夏拿子 秋了幾 冬付由[1]

晝非祿 夜又盧 時吐基 年吐矢 正月昌哇的 二月寧哇的 三月撒哇的 四月升哇的 五月午哇的

六月祿哇的 七月式至哇的 八月法只哇的 九月苦哇的 十月周哇的 十一月審摸都急

十二月失哇思

茶嗏 花畫拿 米谷米 樹拿急 松馬子 竹撻基 笋撻基訥柯 草屈撒 瓜塢利 菜菜 梅梅 香柯

龍撻都 虎它喇 馬吾馬 牛吾矢 兔吾撒基 豬吾哇 狗依奴 皮嗑哇 鼠聶 貓猫 魚依窩[2]

蛇密密 猴沙魯 雀孫思美 鳳凰夫窩 麒麟其辫 孔雀孔少

刀刀 弓由迷 箭牙 盤八只 船分尼 帶文比 畫葉裔[3] 書付美 筆分支 墨思米 硯孫思里

紙加米 香爐柯爐 扇昂基 酒鐘撒嗑子基 酒沙基 麵以利蒙蒙[4] 飯 頭加米 耳眉 目乜

眉馬首 口屈只 牙花 鼻花拿 手支 足惡矢 心各各羅 身度 鬚欣其

金孔加尼 銀尸祿加尼[5] 銅合加加尼[6] 鐵谷祿祿[7] 錫錫 玉衣石 珠達馬

一的子 二達子 三密子 四約子 五亦卒子 六木子 七拿拿子 八法子 九靠靠訥子 十（闕）

一錢亦出門子 二錢尼門每 三錢衫門每 四錢升門每 五錢吾門每 六錢祿谷門每

七錢式只門每 八錢法只門每 九錢苦門每 一兩周門每

看密止[8] 起去榻止亦急[9] 起來榻止[10] 回去慢多羅[11] 不敢揚密撒[12] 曉的失達哇 不曉民納失旦[13]

1 福師範刊本中寫作「由付」，而東京大學的抄本則記作「付由」。考量到日語發音「ふゆ」，我們以東大抄本為準。這種差異可能源自福師範刊本在後續印刷過程中的錯誤。至於東大抄本是否基於更古老的底本（也就是萬曆刻本），目前難以確定。這也有可能是明治三十三年由宗現等人在抄寫過程中所做的主觀修正。

2 鹿兒島方言：イヨ。

3 鹿兒島方言：ケッ。

4 切り麵？。

5 しろかね（白銀）。

6 あかがね。

7 蔡景榕將詞彙「鐵」的發音為「くろろ」，然而，其標準日語中的正確發音應是「くろがね」。考慮到蔡景榕記錄的多數發音具有薩摩地區特色，且傾向於生活用語，因此存在一個可能性：即蔡景榕是依賴日常口語發音來記憶和學習日語詞彙。在口語使用中，「くろがね」有時可能被簡化為「黒の」（意為「黑色的」）。

8 見す。

9 立ち行き。

10 立ち。

11 もどる（戻る）。

12 可能為鹿兒島方言：やめさす〰（やめさすっ）。

13 鹿兒島方言：ミナジダン。

附刻舊作八十首

霍童同野蔡景榕著

元宵楊宏宇招飲

清齋永夜獨蕭寥，一刻千金幸此宵。火樹月中含色霽，笙歌風外送聲嘵。
花明錦繡聞香媚，酒似澠池引興饒。最是主人能醉客，紅潮騰頰映燈綃。

清明日暮登城

苦雨堦前對薜蘿，喜晴城上聽漁歌。翻江日色紅將斂，浮水烟光晚更多。
何處鷺迴沙際立，幾家人掃壠頭過。蒼茫客裏驚時序，無奈鶯花春興何。

七夕校士鄒督學試題

畫屏秋夕燭搖紅，校藝期收入彀雄。座後朱衣從暗點，塵中白璧出迷蒙。
冰壺光映娟娟月，玉樹清淩瑟瑟風。此夜銀河星倍燦，文芒遙射鵲橋東。

飲林封君衣德樓

名家傑閣自雄觀，高棟軒翔若鳥翰。晴帶恩光臨户牖，遠占氣勢壯壺蘭。
連篇月露牙籤麗，半壁龍泉寶劍寒。一自醉沾嘉燕後，尚餘清興注雕闌。

張幕府行役有什詩以索之

繡衣驄馬已迴嘶，客挾春風下建溪。遠近鶯花堪物色，往來山水幾詩題。
不將郢雪憑郵寄，未信隋珠就篋逃。覓句窗前仍舊我，望懸新賦若虹霓。

和林醒亭

晚節全高勝局棋，如公晚節更輸誰。看雲每躡東山屐，愛客常傳北海卮。
閑抱素琴清撥調，興臨靑竹滿題詩。此身比鶴輕輕健，猶喜庭階玉樹枝。

送尤洌井之連城

歲杪蒼茫惜別筵，騷騷文騎向汀川。梅開驛路春風動，月霽山城北斗懸。
家學已教乘五馬，講堂還擬集三鱣。到探勝蹟多題寄，傾耳聽傳白雪篇。

贈黎順吾謁親

故鄉嶺樹幾重遮，宦邸山煙罩九華。遠遠望雲來海國，翩翩翔鴈自汀沙。
琴書下擔翻為客，詩禮趨庭不異家。遶膝連枝無限樂，巡簷春色見梅花。

送鄧瑞嶺歸東粵

雨晴風暖馬蹄輕，恰好春風作伴行。振鐸未酬觀國願，回輈應慰倚門情。
鄧林樹喜新枝長，南海珠從老蚌生。人世功名成夢覺，知君蘿薜等簪纓。

送蕭閬山還昭陽

行色城邊不可攀，歧亭盃酒唱陽關。東風馬上壺天遠，零雨舟前劍水潺。
窺鏡謾嫌新白髮，歸氈堪擁舊青山。知君與欲糟工築，時有論心客往還。

南寺餞別

涉世看君倦欲還，行廚萍聚此禪關。水澄宦況逃川外，鳥語朋情覺路間。
法海是曾遊了寺，月峰猶未到來山。堪觀且莫愁林暝，別後應知但夢攀。

飲蕭文席上呈

翩翩蕭傅信披襟，尊酒頻開許我臨。風竹涼生祛俗慮，室蘭香滿坐同心。一時玉樹蒹葭倚，五月冰漿荷葉斟。勝會喜無期對事，整衣起待自晨侵。

河上歸晚兼憶鄭平山

欲雨黃昏候，歸舟棹疾行。暮雲依樹密，暗電掣空明。鳥度波前影，蛙鳴水曲聲。不堪茲黯淡，為愴子真情。

林醒亭招飲二首

錦席邀賓日，薰風拂面初。杯傳浮臘蟻，盤出薦嘉魚。醉為鄉情重，狂應客禮疏。忘年容入社，擬其賦閑居。

道義知公久，追隨今款扉。清談方滋味，大嚼且甘肥。
對奕消長日，移尊倚夕暉。頻來如不拒，風雨亦無違。

又用前韻二首

汙竹勞生久，壺蘭竊祿初。缾看有貯粟，釜幸不游魚。
說劍還心壯，登龍若遇疎。眼青垂長者，意氣訪齋居。

麗藻曾光宇，金聲又擲扉。吟多全不瘦，戰勝故能肥。
漠漠鳥飛藻，依依竹弄暉。獨醒觀物處，事豈與心違。

謝周質齋總戎

出郭看雲隨所之，春風吹入柳營帷。戟前樽俎原非約，席上笙歌若有期。
直到夜深還秉燭，不知客醉更傳巵。將軍禮數由來密，況擅清談足解頤。

送汪仲麟陞貴州都司

推轂閩南鯨浪平，剖符榮轉貴州行。朱旗日閃盤江早，寶劍霜凝僰道清。
信使幾時傳雁字，封侯萬里奮鵬程。看君豪氣凌霄漢，回首壺公若係情。

挽平海周先生

擬共當籬酌晚芳，聞君伏枕臥重陽。俄傳藥石空投劑，太息金刀竟掩鋩。
舞鏡鸞悲平海影，啼霜烏斷曲江腸。向來振鐸莆中淺，此去脩文地下長。

吳朗山見招和韻

宿雨初收尚裊煙，曉升東旭弄晴天。梳看白發驚時至，坐對青尊喜日連。
移席竹間迎望久，策鞭城上往來便。菖蒲花罕推僊品，麗藻光垂覺夜燃。吳詩中有菖蒲花欲燃句

往冠蓋里豎牌二首

錦里稱冠蓋，華坊紀姓名。彩簷紅日麗，高棟碧天擎。
斗仰多先哲，鵬摶雋後生。一方增壯觀，千古播芳聲。
風光出郭好，塘下指鞭行。山聳文峰秀，河分蘭水清。
晴畦看刈麥，烟塢聽啼鶯。適意隨吟望，歸遲暮到城。

莆海文甲臺曉望

清秋晨陟瞭高臺，雨霽虹銷壯觀哉。水色平連天色漾，波光遙盪日光來。
半空鴈掠輕雲過，千里船排逆浪回。極目滄溟餘蜃氣，不知何處是蓬萊。

送王見岑入覲

遙從五馬問朝天，晨發驪駒不少延。壺嶠僊風吹朗帳，衢江鄉色蘸官船。
臨河臘傍冰堅渡，戀闕晴看日近懸。獻歲九重徵鳳詔，莆陽二月聽鶯遷。

送邵近山入覲

贊理潘封歲五更，君才卓犖有賢聲。桑麻滿眼春無限，狐兔潛踪夜不行。
入計又當趨漢闕，分攜重見出江城。懸知此去應遷轉，燕月閩雲別恨生。

立夏左寅丈以詩招飲

對奕公常勝，吟詩許再過。開函春雪滿，入座夏雲多。
覓笋已成竹，聽鶯猶在柯。客邊無節序，良會樂如何。

贈鄭拱益

廣文今鄭老，樸茂古人過。妄語從來少，賢聲到處多。
風雲飛麗藻，桃李引芳柯。媿我追隨後，如君有幾何。

勉子

捲幔壺公對，趨庭驥子過。明年共我長，今學歎人多。
須好期攀桂，無勞問伐柯。家傳詩三百，周召誦如何。

重陽閣將軍亭看菊

乘興看花雙眼醒，秋堂菊豔勝郊坰。高枝總放黃金色，繁朶仍舒白鳥翎。
露結霜華彰勁節，天教桂子並芳馨。賞闌更著加珍重，來歲還來坐石屏。

齋中獨坐

無事齋居日似年，捲簾樹色入青氈。憐花緩步蒼苔經，展卷長吟白雪篇。
夜立沼邊魚漾月，春看壺頂霧齊天。自知樗散非梁棟，贏得優游養浩然。

村野即事

雨積郊原花欲飄，雨晴花氣百香饒。青山色色皆圖列，黃鳥聲聲亦友邀。
畊破春雲牛力倦，踏過芳草馬蹄驕。前村濁酒堪賒醉，一飲歸來路未遙。

迎春有感

東郊雨霽日華開，物色壺蘭簇錦來。便覺胸襟同宇宙，不知身世在塵埃。
柳梅枝上春風動，簫鼓聲中歲暮催。天地蜉蝣時易改，江湖廊廟志難灰。

迎春遇雨和范年兄韻

出迓青陽試彩毫，含烟新柳色侵袍。管灰氣動江城暖，鼓吹聲聞鶴嶺高。
白雲因春成郢調，東風挾雨到官曹。嘉時準擬開懷抱，花下長吟不憚勞。

除夕和范年丈

爆聲樂韻交喧夜，梅蕊燈花相映新。椒酒呼兒團守舍，桃符隨俗帖宜春。
旋將物色歸心鏡，謾訝年華上鬢銀。此夕知君渾不寐，詩成五步憶楓宸。

冬杪書懷

家居生事少，涸轍類莊周。白日心長在，浮雲眼不留。
養鷄喜得術，畫虎恥詒謀。歲暮仍多感，祥琴自撥愁。

丁亥正月制中

浮生今半百，雙鬢數絲新。興已違魚鳥，名應慚鳳麟。
壠雲愁裏色，花萼淚邊春。兀坐看簷雨，笙歌任四鄰。

挽林新川尊甫

南極無光墜少微，西河堂上失瞻依。非熊不惹楓宸夢，化鶴還從蒿里歸。
作善一生孚月旦，摛文二子並雲機。蹇予世講通家誼，仰止遺容淚溼衣。

制中課兒金都寺用韻答龔思瀛

緩帶輕裘八十翁，裁詩彩筆健如虹。風流不減香山興，鍛鍊還齊箎竹功。
幾憶看雲陪郭外，疎勞調雪寄林中。開函秀色明金像，歌起頭陀辟易蹤。

和壁間阮德輿韻

山寺春深擁法雲，空階歷落雨花紛。風前抱木非樗散，大末冥鴻不雀群。
鳥護叢林能語梵，豹藏谷霧解成文。逃禪暫此同蘇晉，活佛當年憶阮君。

散步

雨餘散步覓春光，煙淡風利萬物芳。醉日山桃紅綴樹，干霄園竹綠侵
房。晴吹水藻游魚劇，暖掠芹泥乳燕忙。好景大都吟不盡，只將肺腑作
囊裝。

題崔陵谿四望樓

數載烽煙已息休，重將臺榭起瀛洲。花梢日動三台曉，松蔭寒生六月秋。
竹溜泉聲清別洞，石裝山勢壯危樓。知君興發頻登眺，也似先公泮渙遊。

香河八詠

層塔高攀

層層古塔色蒼然，倚磴躋攀到上巔。
敻隔風塵低下界，高懸日月屹中天。
坐來鳳闕雲間近，望去樓船樹杪連。
不盡奇觀無限思，狂歌祇恐動穹玄。

玄[1]武雄鎮

旌旗披拂北方天，玄武龜蛇影動懸。
護國神功昭宇宙，凌霄廟貌壯山川。
日臨廣殿爐烟暖，花覆脩廊羽衛妍。
旦暮多經祠下過，誰人不起敬涓涓。

百灣秋月

百灣波漾碧天平，灣上風吹秋月生。
須道嬋娟千里共，偏從瀲灩十分明。
圓光水底珠胎滿，散影沙頭鷺羽清。
乘興夜遊知不少，泛舟雅詠孰袁宏。

古渡春陰

陽春景召自烟浮，漠漠陰垂古渡頭。波滉晴雲籠柳色，水融殘雪湧河流。
遷鶯隨意鳴官樹，飛鳥無猜傍客舟。芳草萋萋如有待，王孫底事不來遊。

東寺曉鍾

熹微曙色未分明，東寺晨鍾先報聲。樓迥響從天上墜，窗晴音入枕邊清。
催將落月飛千樹，並與雞鳴動一城。應有青雲讀書客，此時起坐對燈檠。

西河宵鼓

西河舟楫往來通，更鼓清宵萬艇同。近擊忽驚依浦雁，遠聞時逐過江風。
豈如畫角昏淒斷，不讓疎鐘曉徹空。幾度聲來明月裏，錯教人聽在城中。

蒲池雨霽

秋雨瀟瀟灑大荒，曉來雨腳歇池塘。浮雲不向天邊惹，好日遙臨水上颺。
帶溼春蒲回霽色，拍空巨浸弄晴光。待看明月懸清夜，寄語鳴鳩謾舌長。

蓮沼風清

一水盈盈倚郭堤，蓮花冉冉出清泥。日含色可千霞奪，風動薰還百和齊。
吟弄乍疑茂叔沼，冶遊不數若耶溪。從教勝蹟虛年久，贏得香河萬古題。

寄林見川

見川永慕又長吁，故脫儒冠願遂初。習靜也能通釋誨，養高惟自集方書。
連牀風雨同心早，攬鏡星霜各鬢疎。昨日杏花坛上過，羨君孫子鳳麟如。

贈陳燕山大賓

十載傳經道已尊，倦將齊瑟奉王孫。宦遊纔乞東山樂，賓宴旋叨北闕恩。
半壁水雲光几席，小春風月動橋門。此時受爵應無數，不讓梁王雪夜樽。

賀陳東川養少子

紫氣東來繞翠屏，蘭香入夜夢分明。追風馬復神駒出，照乘珠從老蚌生。
深計也應憐少子，華名何但命添丁。總看玉樹連雲起，不忝人傳竇桂榮。

贈林海東生日

明經爭羨老章縫，初度樽開屬仲冬。一劍藏身曾逐鹿，千金成技未屠龍。
交游名附青雲彥，談笑才凌白社宗。看鏡謾嗟勳業晚，孫弘[2]六十後登庸。

病足

終朝捫足臥幽房，門外紛紛事卻忘。窗日靜移前席影，爐雲閑裊半牀香。
全憑酒力衝愁陣，剩有詩情沃瘦腸。醫理逢人無速效，豈逢醫者盡非良。

病中喜兒至

微軀七尺寄人寰，歷盡千辛與萬艱。假使瀲江與國別名堪死去，何如海國不生還。
家書切望雲邊雁，鄉夢長飛鶴頂山。忽報吾兒從遠至，病愁都向見時刪。

舟泊衢州和劉年丈韻

蘭舟薄暮倚城邊，鼓角遙聞倣半巔。風助霜威欹枕上，水澄月色短帆前。
數聲寒雁歸漁浦，一樹新梅醮酒帘。四顧江山人已靜，吟君佳句起蹁躚。

聞隔舟書聲

宸京北望路迢遙，阻宿三衢景寂寥。凍雨紛飛江上雪，淒風亂激枕邊潮。
驚聞齋舫書聲壯，忍見漁燈火影搖。總為利名驅不寐，天涯老我寤寒宵。

鶴林宮[3]

無端洪水蕩琳宮，僊境由來此地雄。日霽樓臺山色裏，天虛簫管鳥聲中。
珠林鶴去仍遺蹟，石柱苔封尚有踪。再闢乾坤新結宇，他年一榻借牕東。

題萱堂迎旭卷壽區明府太夫人

堂北開秋宴，萱花映曉曦。鶴齡金母籙，燕喜魯人詩。
棣萼酬貞操，蟠桃薦壽巵。三遷能教子，丹詔出彤墀。

和龔思瀛八十韻十首

何來珠履贈瑤篇，八十椿庭燕喜年。客羨芝顏真壽相，人言鶴算有僊緣。
陽春艷入青尊裏，佳氣光浮綵袖前。指日安車徵大老，自天寵錫賁林泉。

林間高節出風塵，榆景重逢戊子春。龍馬精神看益壯，芝蘭氣味喜相親。
桃筵此日多開笑，雪調何人得效顰。但願壽星長夜現，玉梅霜鬢歲更新。

抱瑟王門鬱不禁，倦遊未老已投簪。歸來海屋頻添算，到處雲山數寄音。
新作蚪文奇似古，舊磨霜刃燗如今。有時睥睨舒長嘯，彷彿人聞疑是吟。

除夕沿街喚賣癡，不知人世孰真知。惟公有道獨聞蚤，顧我無端相識遲。
把酒敬稱今日壽，題詩遠擬百年期。耽奇自檢多疑義，幸得從遊悉辨釐。

解組仍餘經世才，乾坤有意默栽培。山中叢桂開多日，海上蟠桃熟幾回。
削跡已知非捷徑，韜光誰道不然灰。終須渭水勞神夢，好盡南山此壽杯。

八十人生見幾何，籌添八十慶翁多。顏非藥駐朱常瑩，鬢為詩敲黑漸皤。
秋月尚懸攀桂夢，春風時動采芝歌。坐看夜裏清光滿，南極星輝映太阿。

祝壽華堂近郭東，東來紫氣動簾櫳。樽開臘蟻仍浮綠，坐對春花正吐紅。
彩筆賦成珠玉似，斑衣舞過鳳麟同。老翁此日歡無極，賀客何人不醉濃。

舫齋托跡擬滄浪，人仰高風老愈光。力健不妨為禮敬，心閑但向作詩忙。
雅從各士觀書畫，笑應傍人問橐囊。玉樹紛紛春正茂，紫薇垂蔭有餘芳。

賦就新詩紀歲華，連篇大雅實堪誇。世家清白梅邊雪，晚節輝光錦上花。
壽域宏開春日麗，歌聲迴遏瑞雲斜。喜看庭植三槐樹，不種青門五色瓜。

老況清真不四愁，逢時謾興喜賡酬。一尊白社還相憶，雙屐青山得自由。
伏櫪驥心千里遠，籠紗鶴髮百年悠。即今東序開賓席，高壽應推最上頭。

用前韻贈陳東川十首

厭牽簿領愛詩篇，致政還家不待年。近郭闢園編菊譜，臨江築室結鷗緣。
青鸞佳信三山外，白墮餘情五柳前。其道翁曾兼吏隱，誰知士行有原泉。

公家原有士行坊

為政當年迥出塵，瓊崖露冕獨行春。如今麥秀猶傳誦，在處棠陰更見親。
久別月將千里夢，相思柳動一時顰。逢人曾説神君事，赫赫賢聲滿耳新。

春霽林塘興不禁，雨餘蘿薜等簪纓。花如製錦添來色，泉彷鳴琴轉過音。
榻下南州頻對此，堂開綠野又成今。披襟行樂知多少，弗是長歌即短吟。

事了公家豈是癡，拂衣人更羨真知。看花興健春遊早，擣藥聲高月上遲。
奇字每來車馬問，閑心偏與水雲期。浮名何用皆攀桂，榮美如翁是景禧。

早自雲霄屈雋才，天彰晚節故加培。何人冷視青氈坐，昨日榮看墨綬回。
重到僧蒲思韭粥，大揮聖草憶爐灰。留題忽動山門色，對客花前笑舉杯。

得隨杖履喜如何，就裏看翁道氣多。機息眼無棋上白，功成鬢未鏡中皤。
故人文酒同高會，別墅烟霞散浩歌。祇恐盛名逃不得，鶴書猶欲訪巖阿。

高人傑搆倚川東，瑞日融融映綺籠。海氣擁來原是紫，花容笑對若為紅。
風流與不山公異，詞賦才應水部同。喜為彭宣常設席，春風曾醉後堂濃。
倦飛鳧舄有輝光，濯足何須取濁浪。大邑昔曾黃鵠舉，丘園終少紫微忙。
一尊酒具花為席，千首詩成錦作囊。轉眼青雲看子姓，穎川丹桂又傳芳。
年來無事不繁華，五福全膺眾所誇。更有美田堪種玉，常於當路剩栽花。
逢人說劍沖霄健，隱几橫經到日斜。就是神僊行地上，豈須求啖少君瓜。
笑坐春風掃卻愁，客來尊酒謾相酬。折腰不得稽元亮，洗耳何妨學許由。
商嶺紫芝歌轉放，漆園蝴蝶夢還悠。年高德卲如翁少，況與雙成共白頭。

家大人幼嗜聲詩，好讀書，未嘗釋卷。初教莆中，同調者多。凡三年，為詩若干首。以先大父艱，尋補香河，歷輿國、隨州。小子追侍左右，習見琢句操觚，至遲寢食。小子治經生業，無能似也。無何覓酒成趣，解組歸林，日求微醉，世故都忘。質以昔所詠歌，彷佛非自己出。先達咸謂而翁少羈絕海，操心危矣。茲復歸嬰兒境也，因求生還卷讀之，慨劬勞於鴻雁，羨投贈之瓊琚。送力贊小子壽，諸剞劂氏，庶幾好事君子之垂青。小子承命而重違焉，刻成因彙家大人蠹稿數篇附卷。其語之工否，小子愚賤，不能為文也。罪罪。

萬曆三十二年九月男世寓謹識

1 原文中「玄」字少了右下一點，應為刻工避諱而為。
2 此處原文為「孫宏」，應是刻工避諱而為。此指公孫弘六十被舉薦入朝之典故。
3 此處應指現寧德境內道教名宮的鶴林宮。明代謝肇淛也曾以其創作一首七言律詩〈鶴林宮〉：「雲馭霓裳去不回，蕊珠宮殿已蒼苔。前朝甲子無人識，半夜精靈有鶴來。水碓舂沙鳴斷澗，丹爐宿火濕寒灰。殘棋局冷桃花盡，不獨人間事可哀。」

海國生還歷遊贈詩

莆林焜章[1]知府

一自鯨鯢濁大清，英賢繫禁島夷城。三年不肯婚胡女，萬里依然返子卿。
麗藻從前留海甸，明珠端合貢燕京。盛時干羽須公贊，諸將伊誰識虜情。

莆黃謙[2]給事

翩翩辭藻逼西京，城陷身囚入虜營。三載夷方衣是卉，片帆歸計水為程。
朝過瓶嶼潮初滿，暮入梅花月轉明。自是斯文天未喪，故教鳴鐸佐昇平。

莆周誥[3]同知

飄零蹤跡過扶桑，瀚海何緣有短航。天遣島夷漸聲教，人從大雅見詩章。
在笯愈覺神張王，歸璧那堪道阻長。荒服夷情君自識，好將干羽贊明光。

莆門人黃少儀[4]

當日中原羽檄遲，鯨鯢歲歲鬪熊羆。居夷忽爾乘槎去，入海非緣擊磬悲。
萬里波濤淹反棹，百年文藻助歸期。玉成天意應顓屬，會見金甌卜我師。

莆門人方承郁[5]進士[6]

如花綵筆逼雲閒，城破身危改素顏。自分居夷成死別，誰知浮海得生還。
艱難萬里日邊國，浩渺孤槎天外山。不獨全軀承世業，且培桃李入燕關。

莆門人黃起龍[7]行人

氛祲離厄抵扶桑，射斗文光卻劍芒。島寺三秋無繫雁，海天萬里有歸航。
古心自信通蠻貊，玄注應知屬廟廊。豪傑亨屯誰可似，蘇卿麟閣與低昂。

莆方萬策[8]御史

妖氛滿海甸，老稚牛虔劉。頓令虞廷彥，翻為海國囚。
衣冠坐塗炭，鸞鳳雜鵂鶹。去國憐孤影，懷親更百憂。
魂飛聞夜雨，腸斷望雲秋。夷亦慕文教，孚堪格虜酋。
犬羊雖異族，懇欸且相投。朝夕分粗糲，溫涼共卉裘。
呻吟無藉在，踪跡任沈浮。乾坤空浩浩，歲月去悠悠。
竹杖憑誰問，瀛圖不可求。甘心委溝壑，部得首仍丘。
閱世如石水，此身等蜉蝣。物情適我願，天意與人謀。
日照三經席，風輕萬斛舟。終食防鯨鱷，通宵仰斗牛。
青山天際樹，白鷺葦邊洲。桑梓恭纔展，蘋蘩祭乃羞。
家人驚老瘦，親炙話綢繆。再涴江生鐸，言登田氏樓。
恍若從天下，還疑是夢遊。掄才先國士，充賦入皇州。
奉檄情何極，銜恩望最優。悲歡敘辛苦，觀聽填道周。

定有虞初志，從前次第修。

香河成楫，鴻臚卿

怪殺平南報捷遲，儒紳偃蹇苦仳離。行時惟有他鄉夢，去日應無故里思。
逆旅形容青鏡惜，寫懷詩句白雲知。斯文道脈憑誰寄，匡暴那能害仲尼。

陽信劉鎬武授

胡騎長驅閩海側，蔡君英豪罹此阨。操舡正下董生帷，誰期闌入鯨鯢穴。
誰人不擬伍侏離，一時無術抽縲絏。芒芒四顧骨肉捐，孑孑千金輕似葉。
滄溟渺渺莫知涯，回頭遠望烽烟黑。南冠漂泊到扶桑，恨不此身生羽翮。
寄身僧舍兩經秋，自思降虜非完德。幸僧知我同文書，因其談詩長痛惜。
冥冥天意佑斯文，無使島夷久安宅。順風海國得生還，正值丁年鬢未白。

依然飽食太倉粟，掄才貢入京燕北。山斗香河多士宗，將來大任更叵測。君不見，洪皓志，蘇武節，千古芳馨流翰墨。於今蒙難似君稀，好將事蹟為君勒。

與國呂雲把總

見説倭夷寇八閩，先生遘變涉滄溟。潮頭幾接日初出，歲首驚看曆兩更。
完璧相如歸上國，牧羊蘇武返神京。始知忠信孚蠻貊，竟迓天休眷道身。

與國劉公田[10]貢士

天將大任付高人，百鍊千磨祇自辛。故國已疑無轉日，窮荒何幸有歸船。
偶逢釋子燈前話，其惜儒為席上珍。作聖多從憂患起，不妨沉溺自亨屯。

與國蕭煥

潢池狐豕突多艱，世運丁屯士喪顏。一掬精誠神至感，群夷默化釋凶頑。
犬羊叵測雖殊性，爾我相看其一寰。當日羈縻多少士，幾人完璧返鄉關。

會昌劉國檄[11]貢士

身羈異地幾經年，弗遇知音長自憐。浮海不因行道出，居夷豈為利名牽。
心懷節士千秋業，詩感胡僧五百緣。斯世斯文應有賴，湘民何幸睹堯天。

時攝篆此邑

會昌喻書莊

萬里孤身被困時，胸中經濟竟何施。倉皇誰恤風霜苦，患難猶懷孔孟思。
禮樂變夷敷聖教，文章化虜勝王師。握瑜肯向南荒老，陰騭冥冥有護持。

會昌葛天民[12]千戶

南天氛祲島夷橫，七郡風塵四野兵。世難憐君當醜虜，風濤幾爾委長鯨。
生還異域蒙天地，出領儒官荷聖明。經國籌邊應有策，乘時擬請漢庭纓。

隋州顧禹坪郎中

亂離三載別鄉閭，蠻虜羈縻興思孤。風景最悲殊上國，衣冠怎忍混單于。
命遭蹇運憐豪杰，才際明時羨丈夫。借問昔年遊異土，如今曾記海邦無。

隋州何宗彥[13]編修

幕南鼙鼓嘆歸遲，故國山河事是非。海島梅花三度煖，閩山雁足幾傳書。
烽烟未許迷來路，腥瘴何能滯客衣。晢雪邊仇謝赤子，天潢指日浴青曦。

隋門人龔自成[14]舉人

鯨潭鯢窟赤波翻，伏節瀟瀟度島寰。宋使不留黃草渡，漢臣終入玉門關。
孤舟曉逐潮雲過，一劍光搖海日還。望到中華舒正氣，長虹萬里貫天藩。

---

1 林焜章，字振世，福建興化府莆田縣人。曾任平樂縣丞，澂江府知府，後補馬湖知府，於萬曆十四年辭官歸鄉。《（乾隆）福建通志》卷四十四：「林焜章，字振世，莆田人。嘉靖戊午舉人，歷國子助教，出丞平樂，以平蠻功，三拜金幣之賜，晉守澂江。地多琥珀、空青諸珍物，焜章一無所取。復補馬湖，值採木用兵之際，道路騷然。故事上司差役，得給户馬，又例索惜馬錢，焜章捐金買馬數十匹，飼以積粟，供驛遞户馬，由是罷。丙戌入覲，以老歸居鄉二十餘年，一室僅蔽風雨，足不及公門。督學耿定力校士至莆，請見不出。」

2 《（乾隆）福建通志》卷五十一：「黃謙，字亨夫，莆田人。嘉靖庚戌進士，歷官刑科右給事。慷慨多奇節，詩文典贍。王世懋督閩學，與定交焉。有《萬玉山房集》。」

3 周誥，福建興化府莆田縣人。其父為周京，字民仰，福建莆田人。明朝嘉靖十九年庚子科舉人，官陝西道御史，升岳州府知府。周誥曾任雲南提舉。萬曆四十一年（一六一三）聯捷癸丑科進士，曾授戶部主事的方承笏為其女婿。

4 黃少儀，福建興化府莆田縣人，曾任長樂訓導。

5 方承郁，福建興化府莆田縣人。萬曆十六年（一五八八）戊子科福建鄉試舉人，萬曆二十六年（一五九八年）戊戌科進士，同年任夏津縣知縣，後任歙縣知縣。後遷兵部主事。萬曆三十九年（一六一一）調廣平府學教授。萬曆四十一年（一六一三）任國子監博士。萬曆四十二年（一六一四）任南京工部主事（蕪湖關榷使）。

6 此處標註的進士頭銜，以及詩句中的「且培桃李入燕關」，似乎隱喻了此詩是方承郁在高中進士之後，於等待官職分配期間寫給蔡景榕的。蔡景榕的學生、同年中進士的黃起龍在其詩作後所附的頭銜不再是進士，而是官職「行人」，這也間接證明了方承郁的詩作成於一五九八年。

7 《福建通志》卷四十三：「黃起龍，字應興，莆田人。萬歷戊戌（一五九八）進士，授行人，歷拜南給事中。時東宮久罷講筵，福藩封不就，國朝臣莫敢言。起龍受事激切，上疏，中外韙之。有夤緣官寺出入織造局為奸者，起龍力按其罪。所策邊事，皆有先見。又請復建文年號，謚靖難，仗節諸臣及為鄉先正，彭韶、黃鞏、馬思聰請易名。上君德國典，經濟災異，修省弭邪，諸疏俱不報。遂乞休。後起廣東按察使，卒於道。有《留臺奏議》四卷。」

8 方萬策，福建興化府莆田縣人。萬曆十年（一五八二）壬午科福建鄉試第八十二名。萬曆十一年（一五八三年）聯捷癸未科第三甲第九名進士。任監察御史。萬曆十六年（一五八八年）任雲南道御史，與給事中陳尚象、吳文梓、楊文煥，御史崔景榮等彈劾太監張鯨。萬曆十七年（一五八九年）任直隸巡按，該年二月與江西道御史林可成等人，交章彈劾吏部侍郎徐顯卿，導致其致仕。萬曆十八年（一五九〇）調任浙江僉事。萬曆二十三年（一五九五）二月乙卯調任貴州僉事。萬曆二十六年（一五九八）為貴州右參議、萬曆二十七年（一五九九）任廣東右參議。萬曆二十八年（一六〇〇）任雷州府巡道。

9 成楫（生卒年不詳），香河縣人。據《明實錄》，可知其為《穆宗實錄》和《世宗實錄》的修纂官。曾任大理寺右寺右評事和光祿寺大官署正。

10 劉公田（生卒年不詳），江西興國縣人。曾任零陵縣縣丞。

11 劉國檄（生卒年不詳），曾任建昌府訓導。

12 葛天民（生卒年不詳），贛州府會昌縣人。萬曆元年江西鄉試中舉。

13 何宗彥（一五五九－一六二四），字君美，一字若善，號昆柱。湖廣隨州人，明朝進士。曾任翰林院編修、侍講、左庶子兼侍讀、詹事府少詹事等職，晉升禮部右侍郎，攝尚書事。後因政治排擠辭官，明光宗即位後，被晉升為禮部尚書兼東閣大學士，入閣為文淵閣大學士，晉太子太保，後升為戶部尚書、太子太師，卒時贈太傅，諡文毅。

14 龔自成，隨州人，萬曆四十一年任酆都知縣。

海國生還諸生時贈詩

番禺劉介齡[1]州太守

只為飄蓬浮海國，直教文筆射扶桑。烏衣謾道今無信，合浦爭看始有光。
擊楫欲淩蛟蛸壑，乘槎直到斗牛傍。百年事業君須屬，會見塵波海不揚。

潮陽林時芳[2]邑大尹

扶桑飄泊幾經年，故國心情玉石堅。天道有靈終不負，斯文無恙竟生全。
乾坤自古憐豪傑，偃蹇分明造聖賢。盤錯只今知利器，鵬程九萬任揚鞭。

陳昺[3]邑人 叅政

颯颯飄風起大荒，送君舟楫下扶桑。三年遠別滄溟迥，萬里生還日月光。
巨鱷不驚歸棹疾，怪龍爭護客船旁。遙知天意多珍重，竚見聲名海內揚。

左承芳[4]邑人 知縣

似葉身隨鯨浪去，抱珠龍逐海雲回。不應自足孚豚信，便是能馴暴鱷才。
違哺孝烏還舊壘，辭皇孤鳳獨登臺。伶俜莫道風前事，曾似曹生賦七哀。

龔邦卿[5]邑人 教授

混入鯨波萬頃秋，已將喘息等蜉蝣。蒼天巧與回靈鳳，留取翺翔碧海頭。
瀚海憑誰可問津，悵雲愁月幾經春。渠家丰骨原非偶，風送飛帆脫虜塵。

陳瑄[6]邑人　知縣

積水冥蒙渤澥東，鯨鯢吹浪起腥風。生靈膏血塗原野，命世才賢逐虜蓬。
萬里夢隨蝴蝶亂，三年淚濕杜鵑紅。天心未欲斯文喪，隨璧完歸故國中。

崔文舉[7]邑人　貢士

自隨流梗居夷日，已分扶桑老客星。社稷百年終賴汝，風濤萬里更趨庭。
玉成漫道天無意，劍合由來物有靈。況值聖朝方側席，定知麟閣眼雙青。

邵武時瑞[8]通判

夙負凌雲志，那堪蹈海辛。長鯨因地另，好馬亦風塵。
雲隔思親眼，天留報主身。詎湖今夕會，同挹上林春。

政和范文銓[9]教諭

居常忠義邁群倫，偶任風波冒遠塵。伏劍直遊島外國，賦詩竟脫虜中身。
堪傳噬雪歸朝節，漫羨乘槎返使臣。天為英豪增智慮，故教渡海歷艱辛。

福寧陳富春[10]州判

天為社稷留梁棟，海外生歸豈偶然。鸞鳳終翔千仞遠，蛟龍何恐一航顛。
木經霜雪堅軀殼，人歷艱辛造聖賢。壯志不虛年月度，五雲高處望幽燕。

福安陳大楫[11]教授

知君當日被風埃，陷入盤渦驚自猜。海寺詩僧能愛士，島廬酋長卻憐才。
子卿不用雁書寄，騫老閑將僊棹回。自是英雄須大用，聖朝今已築金臺。

1 劉介齡（一五二三－？），字少脩，廣東廣州府南海縣人。萬曆元年至三年任福寧州知州。

2 林時芳（生卒年不詳），號我峯，廣東潮陽舉人。嘉靖四十二年（一五六三）調任寧德知縣。

3 《（乾隆）福建通志》卷四十八載：「陳勗，字世勉，寧德人。萬曆甲戌（一五七四）進士，授餘姚知縣。餘姚繁邑，簿書如山，勗頃刻立剖。諸當道有曲法相屬者不少，徇遷廣東參政。將吏獲海上愚民，輒誣以大盜，株連數百人。勗面鞫其偽，盡釋之。調廣西副使，治兵左江。是時，川貴會征播酋楊應龍，勗簡兵數千人往援，大破之。川貴總督疏其事。會皮林蠻反，遂晉勗監軍參政協勦。勗乃率眾三萬人，生擒苗首，撫降萬計。以冒暑深入，積勞而卒。賜祭贈太僕寺。」

4 左承芳，字宜季。寧德人，歲貢。萬曆元年（一五七三）任海澄縣教諭，萬曆三年升海澄縣知縣。

5 龔邦卿（生卒年不詳），字良諫。隆慶年間任潮州府教諭。

6 陳琯（生卒年不詳），字諧卿。隆慶年間貢生，授太和訓導。編撰《太和縣志》。後歷任碭山縣教諭，擢會同知縣。

7 崔文舉（生卒年不詳），字敷治。萬曆年間以貢選入太學。

8 時瑞（生卒年不詳），邵武人。萬曆年間以貢任長沙通判。

9 范文銓（生卒年不詳），政和人。曾任樂昌縣教諭，萬曆十年任福寧訓導。

10 陳富春（生卒年不詳），字必享，福寧人。隆慶選貢，授濟寧州判，卻羨金，監泰山香稅，一無所取。遷魯藩經歷，謝病不赴。著有《岱宗小史》。

11 陳大楫（生卒年不詳），福安人。曾任閩縣訓導。

海國生還林下贈詩

蕭日新[1]德安　通判

三年羈旅身如寄，一日歸來鬢未斑。始信賦詩堪化虜，誰云忠信不行蠻。
楚囚偶縶鍾儀去，斯文未喪杜陵還。喜心翻倒成追憶，何事投簪慨解顏。

溫陵黃巍舉人

世亂俘腥虜，道高化九夷。胡僧尊聖教，梵劫錫恩慈。
帛足空聞雁，華音欲問誰。長吟愁海表，短棹轉天涯。
鶴嶺橫經後，鱣堂絳帳時。乾坤堪醉臥，鷗鳥其追隨。
聲價中郎重，淵源上蔡奇。余來寧邑晚，私恨識君遲。

讀罷倭塵苦，敲成白雪詩。鯨波欣久靖，耆德慶交頤。
竚看謝庭桂，芬香龍鳳池。

龍溪葉有聲[2]博士

漂泊僊鄉幾歲秋，城頭羯鼓不勝愁。閩山縹渺看來雁，海寺蕭條歎去鷗。
雲護我舟歸故國，天教吾道返中州。宦遊已足平生志，人醉高堂月滿樓。

建安陶宗器博士

憶昔兵戎慘，孤城委戰場。壯夫多竄徙，士女半淪亡。
有客攻鉛槧，無能脫犬羊。伶仃羈絕域，寥落寄僧房。
忠信行蠻貊，悲歌徹彼蒼。家山雖入夢，身世已投荒。
問字來腥穢，傳書化氐羌。魚腸何處剖，雁足向誰將。
欲斷單于頸，愁非鎮遠行。桓魋終莫害，蘇武豈中傷。

萬里浮舟楫，三秋返梓桑。張騫猶是幻，洪皓以相當。
父老咨夷俗，兒童説戲場。斯文誠有賴，天道豈無常。
抗志騰霄漢，談經佐廟堂。蘇湖推絳帳，卓魯樹甘棠。
道衍關閩派，名將山斗光。平胡書幾上，出塞思多方。
賢聲播茂烈，倦翼覓迴翔。手疏居夷傳，神馳報國章。
投閒群鹿豕，適契鼓滄浪。異骨齊嚴叟，僊踪覓漢良。
耆英聯洛社，斑彩舞琳瑯。屢應嘉賓貺，還看信史揚。
險夷誠不媿，出處有餘芳。嗟我芻蕘客，依君道義鄉。
披圖誠擊楫，觀海自望洋。未遂中軍請，猶憐賈誼狂。
無能簪彩筆，多病臥繩牀。顧策階前桂，行占月窟香。
玉堂揮簡冊，麟閣繪冠裳。亙亙垂千古，長凌塞外霜。

彭道南[3]邑人 知縣

羈東三韓歎不辰，無何隨喜奉金身。詩成字字堪垂淚，日暮間間亦愴神。
一道天風歸國便，萬分福澤類雲屯。人生那得此奇事，肯復停杯老郤春。

阮鑛[4]邑人 知縣

蒙塵東去幾經年，身到咸池浴日邊。野寺高僧知相骨，夷王通譯與迴船。
歸來悲喜翻成夢，整上威儀復見天。太史應書垂實籙，蘇洪姓字一齊傳。

陳訪[5]邑人 紀膳

鯨鯢何事日相尋，獨爾尤憐遘禍深。萬死身留蠻地遠，三年音共海天沉。
文章到處能司命，忠信殊方亦格心。白璧全歸千古異，令人嘖嘖到于今。

陳欽邑人 教授

音年烽火寇寧陽，萬頃波濤入海疆。去路崎嶇探虎穴，歸心悲切阻羊腸。
暫投島寺雲為伴，側聽胡笳思欲狂。天意玉成應福澤，一篷風送是吾鄉。

黃文莊[6]

怪鱷狂吹海外瀾，英賢繫厄泣南冠。犬羊肆逆憐湯鑊，忠信行蠻格膽肝。
雪調有香留島嶼，月明無夢到邯鄲。人回氣運生還後，山斗文章不讓韓。

鄭世魁[7]

滄海茫無際，顛危弔水臣。聞笳揮涕淚，擊劍冒風塵。
語辨胡僧咒，名全國士身。莫須悲往事，歸老有餘春。

陳雲鷺[8]

身入扶桑遠，悠悠海國茫。衣冠淪左衽，忠信動殊方。

勝賭華夷外，槎回牛斗傍。生還真匪偶，不數漢中郎。

陳良駒[9]

三年漂治旅魂傷，猶幸皈依有法王。月暗磬鐘悲咒唄，風寒星斗怯欃槍。

故園亂後苔生壁，賊壘歸時燕在梁。莫枉此身曾異域，從來賢達總投荒。

陳克敬[10]

天意由來巧玉成，風濤萬死得全生。他年青史求遺事，麟閣芳名並子卿。

終年海上罹風塵，一日歸帆卻有神。豪杰應標銅柱業，肯教流落百年身。

陳希旦[11]

宿昔遘陽九，東夷恣橫行。所在為剽虜，殺人如蚤蝨。
平原蔽白骨，靈景慘不明。爾時公弱冠，振藻凌群英。
感此井邑變，激烈欲請纓。罵賊舌為燥，因繫與偕征。
見者咸震懾，公了無動情。死別豈不難，有命誰能爭。
瀛蠕既汎覽，風波亦飽經。遂造鯨鯢窟，日溷犬羊腥。
南陸政向夏，祝髮令耘耕。尫羸無奈何，積思徒憤盈。
渺渺海一涯，冉冉歲三更。偶爾步禪寺，逍遙散淒清。
僧問此為誰，云是南來生。當下試一詠，琅琅金石聲。
以茲恨識晚，燕坐申欵誠。元理相研究，詩章其討評。
贖以百黃金，贈之雙青萍。為公理歸棹，送公還故城。
石尤幸不擾，川后復載平。浹旬到城下，薄暮扣柴荊。
家人如夢想，閭里紛詫驚。學使進勞苦，亟補舊日名。

而今四紀餘，一官猶氈青。人意嗟宦薄，天心屬匪輕。
斯文留後死，蘄以木鐸鳴。灼灼蘭桂叢，況乃當階榮。
平生未竟志，需此鳳雛成。茲老樓田間，澹然寡所營。
如彼漢陰叟，忘機以弢精。所問維麴蘗，一醉輒百觥。
偉哉廣文公，千載當崢嶸。

崔元會[12]

憶昔鯨鯢擁去艟，海天遙望水溶溶。依徐福非秦世，畢竟蘇君返漢宗。
楚澤燕臺聲教遠，童峰鶴嶠興歸濃。自酬憑得杯中物，晚節秋容趁健筇。

崔世召[13]

當年九死托蛟鼉，雪浪春天欲斷魂。劍氣已甘沈瘞土，刀環何意返南轅。
飄零短髮青氈苦，骯髒豪心白日奔。更喜老來機事泯，陶然身世對芳樽。

陳克勤14

肅皇當末運，欃槍犯女牛。羶塵蔽海國，傳烽擾如郵。
城市倏蕪沒，長江咽不流。一丸屯萬騎，吾寧獨受憂。
樓船橫海上，羽檄紛相求。白日繼魅走，青山賊壘稠。
文物即草莽，衣冠轉故邱。狠頭掃太白，貔虎資良謀。
有美中郎裔，漂泊同楚囚。何物此倭奴，強挈其歸舟。
戎衣書不卷，刁斗夜傳籌。荊棘固親披，豈作繞指柔。
淒涼穹廬地，數載苦逗遛。一身輕似葉，萬死小如蝣。
落日悲慘澹，衰草寒颼颼。一斗英雄淚，臨風下不休。
胡僧偏碧眼，一見獨相留。捧筆索所贈，逡巡壓曹劉。
欣然環越練，更代拭吳鈎。周旋還國計，慇懃具裹餱。
胡風秋月便，萬里片帆浮。城非故園改，家貧尚可投。

夷險固盡歷，艱難嘗已周。既脱諸生籍，天步擬驊騮。
終領一氈去，墨綬淹隋州。所至傳冰譽，榮名莫與儔。
迴首不問產，逃飲興悠悠。世累渾無著，浮雲安足愁。
陶然一醉後，忘機狎海鷗。古來陷虜者，何人得封侯。
公門桃李滿，泥乃有箕裘。試看太史傳，佳事冠千秋。

薛一鸞15

日東五炷心香夜，帝朔三移斗炳春。自見文章關命脈，不令標格老風塵。
萍踪客逐江河異，鴻渚公歸宇宙新。千載子卿同歎賞，精忠素節其潾潾。

陳得姚16

跡落胡塵水國旁，南冠猶自禮空王。斗間紫氣時無恙，匣裏青萍夜有光。
失路片身驚一葉，倚門雙鬢望三霜。生還莫訝酬功薄，多少英雄滯海荒。

彭時奮[17]

何年烽火淨，有客號東來。野老傳遺事，番僧識異才。
夢中千載恨，天外片帆回。多少悲歡意，乾坤付舉杯。

陳克俊

離亂歷千辛，如君似有神。飄蓬淪蜃窟，飛劍返龍津。
翠栢霜中勁，菁莪雨後新。歸林雙鬢白，長笑甕頭春。

薛文宣

十年浪跡總悠悠，水島伶俜淚未休。鴻雁夢殘羌笛切，魚龍秋冷漢槎浮。
不緣老衲能青眼，誰領寒氈到白頭。解道彼蒼終玉女，英雄沉滞莫深憂。

陳克安

海外歸來經幾霜，雄心猶在劍消芒。半生辛苦翻成夢，八斗才名何自狂。

風雨當年悲失路，鶯花此日照飛觴。庭槐手植應繁蔭，肩祚行看俾熾昌。

莆周焬[18]進士

插羽烽傳海上氛，請纓無路等終軍。流離遠涉鯨鯢窟，痕狽曾穿虎豹群，

肯令衣冠淪左衽還，將木鐸振斯文縹，緗為紀生還事，嘖嘖千秋獨有君。

崔世榮[19]邑人 經歷

何處乾坤不險夷，海濱搖落竟誰為。當時豈料投魚鱷，此日那能脫虎貔。

萬里死生同幻夢，一身去住等浮蘼。由來大造常為主，未許儒臣老接䍦。

1 蕭日新（生卒年不詳），福建大田縣人。萬曆癸未拔貢，授德安府通判。

2 葉有聲（生卒年不詳），福建龍溪人。萬曆二十六年至二十九年任寧德訓導，三十四年由桂林府臨桂教諭。

3 彭道南（生卒年不詳），號文泉。寧德人，選貢。萬曆十三年至十七年任封川縣知縣。

4 阮鑛（生卒年不詳），字國聲，號金溪。五都漳灣人。萬曆元年癸酉科福建鄉試錄第五十七名。萬曆丁亥年（一五八七）授江西德興縣令。

5 陳訪（生卒年不詳），嘉靖九年進士陳褒之子，曾任青浦縣丞。

6 黃文莊（生卒年不詳），寧德人。萬曆時期曾任陽春縣典史。

7 鄭世魁（生卒年不詳），寧德人。字雲齋。明代建阳書坊宗文堂刻書人。

8 陳雲鷺（生卒年不詳），陳琯之子。倭亂，琯被擄，鷺年十餘歲往倭營為質。父歸，戚繼光兵至，倭殲，得脫。萬曆間，以歲貢任邵武教授。著有《劍遊草》、《雪齋集》。

9 陳良駒（生卒年不詳），福寧人。授恩貢。

10 陳克敬（生卒年不詳），號太惺，福寧人。萬曆三十二年恩貢授南京衛經歷，陞兩淮運同。

11 陳希旦，寧德人，見《支提寺志》卷五。

12 崔元會（生卒年不詳），字子聚。寧德人。萬曆三十四年貢。

13 崔世召，有傳。《（道光）重纂福建通志存》卷二百十一・人物四十二：「崔世召，字徵仲，萬歷己酉舉人。天啓間，授巴陵知縣。詩名震一時，有屬為魏璫頌德詩者，峻拒之，遂被逮入都下獄。崇禎初，釋還，補桂東，尋遷浙江鹽運使，釐清弊病，葺湖心，放鶴二亭，與東南詞客嘯詠其中。晉連州知州，州多猺寇，世召濟以德威，猺人弭伏。嘗浚天澤泉，引溉田畝。去官後，民於泉傍築亭，碑之曰『崔公清德泉』，祀連州四賢祠。」

14 陳克勤（生卒年不詳），字伯雨，福建寧德人。天啟七年歲貢。崇禎十二年任金壇縣縣丞。

15 薛一鸞（生卒年不詳），號鳴盛。寧德人。天啓元年恩貢，後任湖廣沔陽州同知。

16 陳得姚（生卒年不詳），陳琯之子。字仲虞，號龍津。天啟元年選貢，崇禎甲戌補和州江防同知。

17 彭時奮（生卒年不詳），字汝和。萬曆十八年捐貢。官景州州判。

18　周⿰火鼎，字鉉吉，一五八四年生，一六二三年卒。萬曆三十五年（一六〇七年）中進士。任曹縣知府。隨後擢兵部武庫祠員外郎。後陞湖廣督學僉事，分守　西。卒於官，年僅四十。

19　崔世榮（生卒年不詳），字君恩，號華區。福建寧德人，崔允紳之子。萬曆二十四年援例授直隸保定衛經歷，陞湖廣荊王府典寶。

海國生還集全卷終

心心心不住希夷 僧貫休[1]　蕭寺行逢落髮師 沈彬[2]
去日兒童皆長大 竇叔向[3]　吟情高古有誰知 伍喬[4]
便脫蠻靴出帳帷 李翺[5]　百年世事不勝悲 李商隱[6]
千言萬語無人會 鄭谷[7]　欲語潸然便淚垂 耿湋[8]

嘉慶癸酉七世孫良舉謹書

海寇猖狂勢不禁，孤身被虜寄南林。七歌禱告情何慘，三載羈留志可欽。
自是文章經世重，由來忠信感人深。傳家剩有生還集，孫子珍當字字金。

道光己酉八世孫士元敬題

1 貫休（八三二－九一二），又稱貫休法師，字德隱，俗姓姜氏，蘭溪人。唐末至五代十國時期的名僧。此處詩句取自其〈山居詩　二十四首〉中的一首：「心心心不住希夷，石屋巉岩鬢髮垂。養竹不除當路筍，愛松留得礙人枝。焚香開卷霞生砌，捲箔冥心月在池。多少故人頭盡白，不知今日又何之。」

2 沈彬（八六四？－九六一），字子文，高安人。晚唐詩人。此處詩句取自其〈贈王定保〉：「仙桂曾攀第一枝，薄游湘水阻佳期。皋橋已失齊眉願，蕭寺行逢落髮師。廢苑露寒蘭寂寞，丹山雲斷鳳參差。聞公已有平生約，謝絕女蘿依菟絲。」

3 竇叔向（生卒年不詳），字遺直，出於扶風竇氏，唐朝官員，詩人。此處詩句取自其〈夏夜宿表兄話舊〉：「夜合花開香滿庭，夜深微雨醉初醒。遠書珍重何曾達，舊事淒涼不可聽。去日兒童皆長大，昔年親友半凋零。明朝又是孤舟別，愁見河橋酒幔青。」

4 伍喬（生卒年不詳），南唐廬江人。此處詩句取自其〈寄史處士〉：「長羨閑居一水湄，吟情高古有誰知。石樓待月橫琴久，漁浦經風下釣遲。」

5 此詩句應為唐代舒元輿所作〈贈李翱〉。舒元輿（七九一－八三五），字升遠。婺州東陽人。唐元和八年（八一三）進士。〈贈李翱〉：「湘江舞罷忽成悲，便脫蠻靴出絳帷。誰是蔡邕琴酒客，魏公懷舊嫁文姬。」

6 此處詩句應為唐代詩人杜甫的作品〈秋興　八首〉中的一首：「聞道長安似弈棋，百年世事不勝悲。王侯第宅皆新主，文武衣冠異昔時。直北關山金鼓振，徵西車馬羽書馳。魚龍寂寞秋江冷，故國平居有所思。」

7 鄭谷（八五一－九一〇），字守愚。袁州宜春人。晚唐詩人。此處詩句取自其詩〈燕〉：「年去年來來去忙，春寒煙暝渡瀟湘。低飛綠岸和梅雨，亂入紅樓揀杏梁。閒幾硯中窺水淺，落花徑裡得泥香。千言萬語無人會，又逐流鶯過短牆。」

8 耿湋（七三六－七八七），字洪源，河東人。唐代詩人。此處詩句取自其詩〈路旁老人〉：「老人獨坐倚官樹，欲語潸然淚便垂。陌上歸心無產業，城邊戰骨有親知。」

附錄

蔡景榕家族後裔蔡祖熙在一九〇三年考中舉人時的同年錄。蔡祖熙曾於民國初年擔任福建省參議員，其子蔡威為中國共產黨烈士。

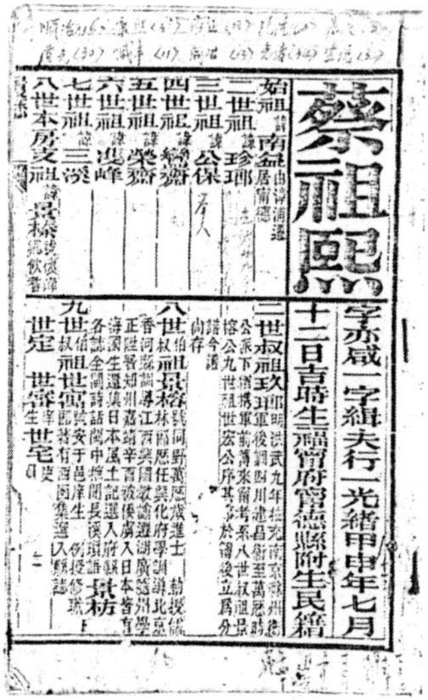

蔡祖熙

字亦箴一字緝夫行一光緒甲申年七月十二日吉時生福寧府寧德縣附生民籍

二世祖諱珍瑯

三世祖諱公保

付四川軍前合同

祖蔡玖瑯公於洪武九年抽充南京滁州衛軍，後調四川建昌衛。宣德年間，蔡公質解伍，無嗣；正統年間，蔡鳳解補，亦故。弘治年間，冊勾將蔡公賜次男蔡發頂，解補伍。弘治十八年回籍，正德十二年再回，嘉靖十七年又回。發公不忘故鄉，頻來不憚。其子名文迪，生三子：長曰蔡金，次曰蔡銀，三曰蔡林。軍前稱蹶興矣。迨隆慶六年，發公第三孫蔡林持原所議合同歸，知為的裔，無疑。林去後，萬曆九年復回一次。今三十四年，乃蔡銀公長男時寧，與其同伴水漈黃赤觀、後壠黃俊出合同簿稽之，足驗為真。遵依祖例，隨丁鳩資簿贈之。時寧將行，以文簿遠涉難懷，求為一紙之便；遂合於族愛，立文書二扇：右付時寧，左留家中。向後十年、二十年外，不拘久遠，前來者必得此為照云。

萬曆參拾肆年丙午捌月　日濟陽堂合族立

家長湖廣隨州學正同野公　景榕

懷峰公　景榛

勤齋公　景枋

庠生安於世寓拜手書

書四川軍前簿後

己卯之秋七月初，余掃先廣文墳於邑後西山。孫子隨來，報云：「四川有客，坐吾廳事。」余屈指向兒算：吾四兒軍回矣。吾隆慶壬申甫四歲，林公軍前迴，路遙年遠，家中莫辨真偽。居數日，方得認。辛巳十三歲，林公又回；丙午，余年三十七八，見時寧取吾手合同以去。今茲吾七十一矣，來者恐睽闊生面，吾宗居止星散，不及款待。吾急了祀事歸，及歸訪之，稽其合同及族簿，則知為發四世孫時舉之子，名光祚也，實無疑也。因舉觴留行伴福清王福安、陳〔數字闕〕，宗盟之篤，亦幸余稀老尚存，先人筆跡識驗光祚。一不識面，遠人川途勞苦；遂得即次之安宗譜合同，功不少也。光祚少業儒，知書理，思家心切，鳩資告歸。歸時以原簿損壞，請余更置。余讀簿敘，乃先廣文親筆撰詞，詳贍溫切，余何能贅？擇吉謀族長及諸弟侄，抄謄祖父序文，付光祚以歸建昌。光祚前曰：「不肖行時，兄奇選號仁江掾於成都府，杯酒餞我錦江之滸，祝我朝宗早還，仍紀祖家人物歸示。嗟嗟萬里雲，仍不忘根本，非豪傑念不及此。為我寄謝仁江：汝家雖未獲巍科，書香亦稱繼世。吾老衣巾矣。兄弟在庠者有世宏、世審；子侄行太學生國俊、增廣侯應、廩生國任，其國信啓光俱列庠序三考。一諱世宅，後進讀書輩尚有數十人。其貧富不齊，農商異業，大抵人家之常。吾願家園孫子及軍前弟姪，孝悌存心，勤謹立業，瓜瓞肇綿延之慶，椒聊致遠條之蕃，俱未可量。若居今欲問家聲乎？恐庶幾猶有待矣。」一笑笑以跋。

崇禎十二年八月七十一叟庠生安於世寓手書拜

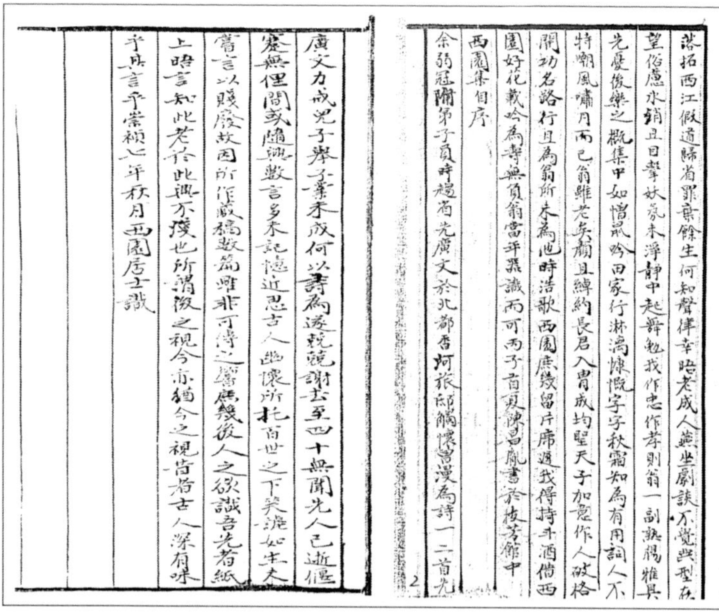

落拓西江假道歸省罪棄餘生何知聲律幸晤老成人燕坐劇談不覺典型在
望俗慮冰銷且目擊妖氛未淨靜中起舞勉我作忠作孝則翁一副熱腸雅具
先憂後樂之概集中如憫亂吟田家行淋漓慷慨字字秋霜知為有用詞人不
特嘲風嘯月而已翁雖老矣精且緯約長君入胄成均璧天子加恩作人破格
開功名路行且為翁所未為也時浩歌西園庶幾留片席遲我得持斗酒偕西
園好花載吟為壽無負翁當年賞識而可丙子首夏陳昌胤書於枝芳館中

西園集自序

余弱冠隨弟子員時趨省先廣文於北都寄阿蔭邸觸懷嘗漫為詩一二首先
廣文力戒兒子舉子業未成何以詩為遂執競謝去至四十無聞先人已逝僅
寒無俚閒或隨興數言多未記憶近思古人幽懷所托百世之下哭號如生未
嘗言以賤廢故因所作蔵稿數篇雖非可傳之響庶幾後人之欲識吾先者紙
上晤言知此老於此興不淺也所謂後之視今亦猶今之視昔者古人深有味
于其言乎崇禎七年秋月西園居士識

蔡世寓於《西園集》自序提及其父蔡景榕之相關內容。
（本文三張圖片承蒙福建寧德地方史學家陳仕玲先生慨允提供，謹此致謝）

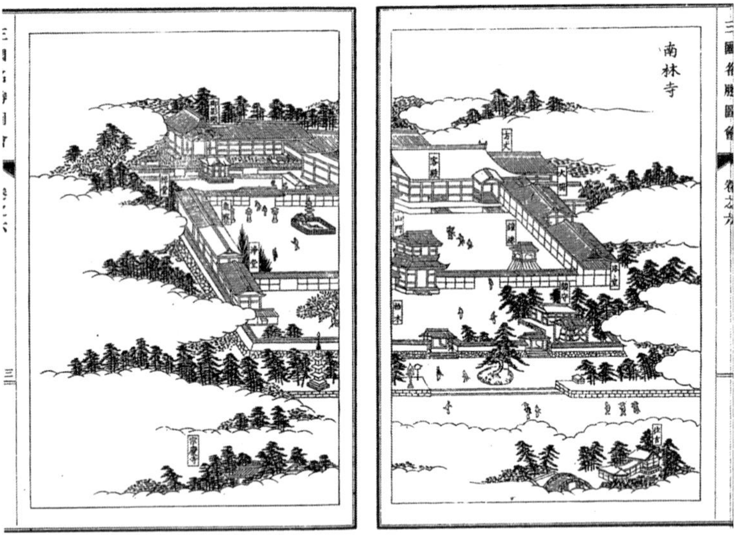

《三國名勝圖會》（1843年）中的松原山南林寺

南林寺遺址，現為松原神社
（筆者攝於2023年）

校後記

《海國生還集》所載蔡景榕的記述，為我們描繪出一幅與傳統倭寇研究中所呈現的被擄者悲慘遭遇及奴役生活截然不同的畫面。在南林寺這個避風港，蔡景榕不僅僅是戰亂中的受害者，更透過抄寫佛經和詩歌創作，成為跨文化交流的活躍參與者。蔡景榕之外，也存在著許多被擄至日本並被佛寺吸納的知識文人。就佛寺對漢文知識的憧憬，以及對被擄者的購買或收容而言，我們也不應單一地從文化交流的角度進行詮釋。必須特別指出的是，在這些人非自願的日本生活背後，隱藏著不可忽視的權力關係。

自蔡景榕於一五八四年記錄下這些歷史片段至今已逾四個世紀，作為研究該時期東亞海域被擄人和奴隸流動的研究者，能夠接觸到這份珍貴的文獻，實屬難得。

在這個點注過程中，我也有幸得到許多學術前輩和同行的無私幫助與指導，此處先感謝陳少杰學兄在資料的獲取上的協助，還要向吳政緯博士致以最深的感謝。若非他的鼓勵，作為一名初入學術領域的博士生，我不可能有勇氣著手進行出版。還非常感謝秀威出版的鄭伊庭編輯的信任，支持此書出版。另外，深深感謝（不分先後順序）陳捷教授、劉序楓教授、熊遠報教授、陳仕玲先生、韓喬宇、呂雅瓊、王侃良博士、王尊龍、蔡俊生先生在整理過程中給予的寶貴意見和支持，以及楊世帆博士和寧浩在點校時給予的諸多指正，沒有他們的協助，本書的完成不會如此迅速。此外，我還要感謝我的妻子中越亞理紗，在她忙於博士論文之際，仍寬容我投身於這項「副業」，並不辭勞苦地協助照看我們的孩子。最後，我誠摯地期待學界前輩和同行的寶貴批評與指正。

劉洋

二〇二五年二月二十四日

史地傳記類　PC1119　讀歷史156

海國生還集（校注本）

原　　著／〔明〕蔡景榕
校　　注／劉　洋
責任編輯／鄭伊庭
圖文排版／許絜瑀、黃莉珊
封面設計／王嵩賀

發 行 人／宋政坤
法律顧問／毛國樑　律師
出版發行／秀威資訊科技股份有限公司
114台北市內湖區瑞光路76巷65號1樓
電話：+886-2-2796-3638　傳真：+886-2-2796-1377
http://www.showwe.com.tw
劃撥帳號／19563868　戶名：秀威資訊科技股份有限公司
讀者服務信箱：service@showwe.com.tw
展售門市／國家書店（松江門市）
104台北市中山區松江路209號1樓
電話：+886-2-2518-0207　傳真：+886-2-2518-0778
網路訂購／秀威網路書店：https://store.showwe.tw
國家網路書店：https://www.govbooks.com.tw

2025年4月　BOD一版
定價：250元

讀者回函卡

國家圖書館出版品預行編目

海國生還集 / (明) 蔡景榕著 ; 劉洋校注. -- 一版. --
臺北市 : 秀威資訊科技股份有限公司, 2025.04
面 ; 公分
校注本
BOD版
ISBN 978-626-7346-89-1(平裝)

1.CST: 倭寇 2.CST: 明史 3.CST: 日本史

626.65 113005391